日美
博弈战

[日]
鹫尾友春
著

孙律 译

中国友谊出版公司

图书在版编目（CIP）数据

日美博弈战 /（日）鹫尾友春著；孙律译 . -- 北京：
中国友谊出版公司 , 2021.10

ISBN 978-7-5057-5335-8

Ⅰ.①日… Ⅱ.①鹫… ②孙… Ⅲ.①国际贸易—市
场竞争—研究—日本、美国 Ⅳ.① F753.13 ② F757.12

中国版本图书馆 CIP 数据核字（2020）第 189059 号

著作权合同登记号　图字：01-2021-5613

A Typical 6 Cases–History of Trade and Industrial Frictions between Japan and The USA since
1950's through 2000's
Copyright © Tomoharu Washio 2014
Chinese translation rights in simplied characters arranged with KANSAI GAKUIN
UNIVERSITY PRESS through Japan UNl Agency, Inc.,Tokyo

书名	日美博弈战
作者	［日］鹫尾友春
译者	孙　律
出版	中国友谊出版公司
发行	中国友谊出版公司
经销	新华书店
印刷	三河市中晟雅豪印务有限公司
规格	700×980 毫米　16 开
	19.5 印张　225 千字
版次	2021 年 10 月第 1 版
印次	2021 年 10 月第 1 次印刷
书号	ISBN 978-7-5057-5335-8
定价	65.00 元
地址	北京市朝阳区西坝河南里 17 号楼
邮编	100028
电话	（010）64678009

如发现图书质量问题，可联系调换。质量投诉电话：010-82069336

中文版作者序

"缘分天定"是日本的一句老话，大意是素昧平生的男女萍水相逢，继而相知相爱。拙作有幸译成中文并在中国出版，也是机缘巧合。

在 20 世纪 80 年代中前期、90 年代中前期，以及 21 世纪初，我常驻美国纽约和芝加哥的日本政府机构，得以近距离观察日美贸易战。基于这段经历，我编写成本书。目前，我任职于关西学院大学国际学研究生院，本书也是学院的教材之一。

如今，中国与美国的贸易摩擦不断。在中日研究人员交流时，向日方请教经验的中方人士为数众多，不少日本学者向他们推荐本书。于是，中国某大型通信公司的高层当即表示："那得赶紧译成中文，在中国出版才好……"正是基于如此奇妙的缘分，中文版才得以问世。

当然，从特点和竞争领域来看，日美贸易战与如今的中美贸易战不尽相同，但也存在共通之处。

首先，美国的谈判姿态如出一辙。面对本国产业竞争力下滑的现状，美国并没有调整对内政策、整顿经济，而是归咎于他国市场的封闭性和特异性，以改革为名，要求他国开放市场、解决问题。

其次，在贸易摩擦的初始阶段，中国与当初的日本表现相仿——或是加大美国产品的进口量，或是引入美国式的行业竞争规则以赢得美方认可。

然而，由于攻守双方的立场存在本质区别，矛盾并未就此消除。纵观当今中美贸易摩擦，特朗普自 2016 年当选总统以来频频语出惊人，在美国，关于被中国全面赶超的危机意识明显被煽动起来。在美国重拾信心之前，"中国威胁论"恐怕在短期内难以消除。

最后，基于自身国际地位的提升，信心满满的中国不断推出魄力十足的政策（成立亚洲开发银行、提出"一带一路"倡议等），这份自信也会长久持续，无疑更让美国心怀戒备。

因此，从意识形态、产业竞争力、经济形势、政府立场等方面来看，双方的区别显而易见，各类矛盾今后也会浮出水面。

为了实现长久的和睦相处，两国需要基于各自特色和能力调整战略目标，或者各自国内能够意识到有必要降低标准和要求。这是一个漫长的过程，势必伴随争议和摩擦。而且，局势错综复杂，中美之间的产业倾轧不再局限于单个产业，国家安全问题也被牵连其中。

值此中美矛盾升级之际，以本书介绍的日美贸易战为鉴，中国的读者朋友若能有所收获，或是对当前形势产生新的见解，或是对美国制定的政策及谈判策略有所掌握，那就是我最大的喜悦。

毋庸置疑，作为成熟又睿智的两大国家，中国和美国对各自国内治理与对外谈判终究有所区别，终将找出防止摩擦升级的办法。希望本书能帮助读者朋友理解其中的差异。

最后，中文版得以问世，我深感荣幸，也感激不尽。

鹫尾友春

前言

在第二次世界大战战败之后，日本于二十世纪五六十年代崛起，在七八十年代一跃成为世界第二经济大国，九十年代步入"失落的二十年"，直到 2014 年"安倍经济学"全面实施。从经济复兴、逐渐衰落再到重新起航的这六十年风雨中，日本与美国之间产业倾轧不断、贸易谈判频繁，本书正是着眼于此。

最初只是个别商品的贸易摩擦，后来恰逢日本经济腾飞，于是升级为行业之争。随着步入"日本第一"①的时代，产业及经济结构的差异逐渐成为日美贸易谈判的焦点。

在此情形之下，以自身价值观为先的美国，自然把日本社会的特性视为问题所在，矛头直指日本的社会结构乃至国民的劳动观念。换言之，在美国看来，日本之所以过度依赖出口、过量生产导致供大于求，日本人民的职业操守以及吃苦耐劳的品质也是原因之一。

——

① 由美国学者傅高义（Ezra Feivel Vogel）提出。它实际上并不意在表明日本已成为世界第一经济大国，而是指日本企业的生产力达到世界第一。——译者注

如今想来，兴起于 20 世纪 90 年代中期的"美国化"热潮，虽说源自经济全球化的国际趋势，但美国强行输出自身价值观的做派其实早有先例。日本之所以让步，终究是出于依赖美国、寻求保护的"政治"考量。

从这个角度审视现代经济发展史，20 世纪 80 年代的日美贸易战带动了日本社会的变革，影响之深远足以令人惊叹。当时，基于社会各界呼吁给予人们更多的休闲时光，因为制定产业政策、干预经济发展而被西方各国称为"臭名昭著的'通产省'"①颁布了一系列政策法规和教育方针。具体来说，即企业导入"无加班日"、议会增设节假日、明令禁止无薪加班、提倡"放慢节奏、留有余地"……这些举措究竟给日本社会的制度和价值观带来多大影响，研究成果想必足够社会学家写成一本书。虽然我从 20 世纪 80 年代贸易战的历史切入，剖析其对日本社会的影响，但制度和价值观等并非本书涉及的内容。

无论如何，从纺织品、钢铁、汽车、半导体之争到经济结构问题，日美贸易谈判不断升级。而在迈入 21 世纪后更是迎来全新的局面——"在建立自由贸易区的过程中争相制定贸易准则"。

伴随冷战落幕，"只有直连发达市场，才能实现经济发展"的论调也在原社会主义阵营及发达国家中诞生。出于对此论调的深信不疑，原社会主义阵营的东欧国家争先恐后地加入欧盟。当然，这番彻底的方针改变也是基于历史渊源以及安全保障层面的考虑。毕竟，苏联虽然

---

① 日本旧中央省厅之一，简称 MITI，承担着宏观经济管理职能，负责制定产业政策并从事行业管理，是对日本产业界拥有重大影响的综合性政府部门。在 2001 年改组后，"通产省"改为"经济产业省"。——译者注

解体，紧邻的俄罗斯依然虎视眈眈。北美大陆也呈相应的态势。美国与加拿大首先签订《美加自由贸易协定》，之后演变为《北美自由贸易协定》。

鉴于20世纪80年代自由贸易协定的签订热潮，日本也曾考虑与美国缔结协议，只是当时并未掀起波澜。一方面，日本坚信本国经济可以长盛不衰；另一方面，美国对日本产品大量涌入本国市场颇为忌惮。

然而，随着步入21世纪，以东南亚国家联盟（简称ASEAN，即"东盟"）为轴心的贸易协定之争日趋激烈。先是日本一家独大，之后中国强势崛起，逐渐形成分庭抗礼之势。尤其自2008年"雷曼事件"以来，全球金融危机频发，风景独好的亚洲自然被视为拯救世界经济的"希望之星"。

时过境迁，出于被亚洲联手排挤的担忧，美国反过来开放本国市场，热烈欢迎亚洲产品涌入。美国的"长袖善舞、老谋深算"由此可见一斑。如此一来，"跨太平洋伙伴关系协定"（简称TPP）[1]逐渐成为热门。随着日本完成谈判，中国大陆和台湾地区及韩国都表明有兴趣参与，全球迈入"大区域主义"（MEGA-FTA）时代。**从某种程度来说，日美贸易谈判的历史极有可能重演，而且是在更广的范围内。**或许我有些小题大做，换个角度来看，TPP的谈判过程也反映出遵循市场原理与打破国界束缚的矛盾。

在此简单回顾我的职业履历。在日美贸易摩擦的巅峰期，我担任日本贸易振兴机构（简称JETRO）纽约研究所的调查员。在20世纪80年

①2017年已更名为"全面且先进的跨太平洋伙伴关系协定"（Comprehensive Progressive Trans-Pacific Partnership），简称CPTPP。——译者注

代和 90 年代的中前期,我两度常驻纽约。

当时,美国国会相继颁布对日强硬的法案。观察纽约的反响和动态,并且向东京汇报,这也是我的职责所在。根据留存的记录显示,从 1982 年至 1984 年的 3 年间,我分别向 JETRO 总部发送大约 100 份、130 份和 100 份调查报告。按照每周 5 个工作日计算,平均一周就要完成 2~3 份报告。这是一份吃青春饭的职业,在眼下的年纪根本无能为力。

20 世纪 90 年代初,我第二次常驻纽约,彼时正值日美汽车贸易战,我为此多方搜集美方情报,为双边汽车贸易谈判略尽绵薄之力。

在 1985 年 6 月,在美日汽车贸易高级谈判期限截止前夕,我频频登上美国的电视及广播,即兴点评时事,主张无非三点:设立"目标值"属于"管理贸易";日方希望美国做出让步;双方虽然拉锯,但基本可以谈成。

英语非我所长,何况在事先毫无准备的情况下走进电视台的直播间,或是临时接到电台访谈节目的电话,紧张在所难免。然而,表现远超预期,真是神奇又有趣的几个星期。

21 世纪初,我调离纽约,常驻芝加哥。

从结果来说,三次常驻美国的经历堪称个人职业生涯的高光时刻,得以近距离观察美国社会、经济、政治、价值观等的变迁也是我的荣幸。因此,对于 JETRO 历任会长及人事部门的提携之恩,我至今感激不尽。

然而,我毕竟没有亲临贸易谈判的前线。如前文所述,我无非基于工作之便搜集信息,不过也确实因此接触了大量两国相关人士。毫不夸张地说，当时奔走于纽约、华盛顿和东京之间，我对日美贸易摩擦的"火药味"深有体会。因此，提笔之时，往事历历在目。与书中登场的几位人物或是聚餐，或是打听情况，这些都是属于我个人的美好经历。

平心而论，由于本人并未直接参与谈判，对政府和业界的实际情况也没有完全掌握，因此无法直观地描述现场的情景，只能引用相关人士的回忆录、当时的新闻报道和杂志周刊上的文章等。我不能断言这些资料全部属实，但除此之外，也别无他法。因此，内容难免有失偏颇，而且自身浑然不知，才疏学浅之处还请见谅。

本书参考关西学院大学国际学研究生院的《日美贸易谈判史》课程讲义，执笔之时承蒙关西学院大学出版社田中直哉先生和松下道子女士的大力支持，在此深表谢意。

01

纺织品之争

日美纺织品谈判及冲绳问题
_001

02

日本钢铁自愿出口限制

主要国家之间如何分配权利与义务
−047

03

日本汽车自愿出口限制

始于政治压力，终于政治压力

-093

04

日本半导体行业的衰落

《日美半导体协议》及其影响

-139

05

从行业之争到经济结构差异

《日美结构问题协议》与《日美综合经济协议》
–183

06

打造贸易区

日美贸易谈判的变迁及 TPP 的成形
–229

01 纺织品之争

日美纺织品谈判及冲绳问题

谈判的本质

一般来说，有得有失是构成谈判的前提。最简单的例子就是在旅游景区买纪念品，大家想必对讨价还价的场景并不陌生。买家抱怨太贵而连连砍价，卖家则神情夸张地表示价格太低坚决不卖。最后，只要双方"忍痛"各让一步，多半可以成交。

这类沟通大而化之即为"谈判""交涉"。双方基于主观的价值判断，寻找自身及对方都可以接受的平衡点。因此，一旦达到双方的满意程度，便可达成共识，谈判也被视为公平。当然，买卖双方交易意愿明确、意思表达清楚是谈判成功的前提。

然而，双方未必都希望促成交易，或者谈判不一定围绕同一个对象展开。还是以纪念品砍价为例。为了吸引客户，店家提出额外的条件："如果你买下它，我就带你参观一处好地方。"此时，谈判的对象不再是纪念品价格，还掺杂了引领游客参观，即某种程度的导游服务。

再举一个谈判对象发生偏移的例子。20世纪80年代中期，美国流行"互助"理念，宣扬不同行业之间的"双赢"。美国出于对本国电信行业的自信，逼迫日本开放该领域的市场，否则将对日本引以为豪的汽车行业采取进口限制。

以毫无关联的产业作为谈判的筹码，"双赢"才是谈判的目的。正如成语"声东击西"，无非是虚晃一枪，终究还是为了达成原本的目标。但是，面对这样的招数，对手显然觉得匪夷所思，"完全就是两码事"的怒斥也在情理之中。

梳理日本对外谈判的历史，结果让我感到不可思议：**当风马牛不相及的事项被混为一谈时，日本鲜有"完全就是两码事"的驳斥。**即使面对单个谈判对象，为达成目标而积极争取的姿态也是少之又少。第二次世界大战前缩减海军军备的谈判（又如华盛顿会议、日内瓦会议、第一次及第二次伦敦会议）便是最好的证明。英美之间虽然偶有矛盾，但最终还是联手迫使日本签订对自身极为不利的条约。反之，日本强势要求英美让步的情景则难得一见。日本谈判团秉承政府"避免卷入英美之间的争斗，恪守中立"的指示，其实于谈判来讲，未必有利。以退为进，与各国合纵连横的本意是坐收渔翁之利，但日本的如意算盘基本落空。

究其原因，一来是对"一战"中的表现心虚（出兵中国及西伯利亚地区等），担心国际舆论的指责；二来是受限于本国财政，原本就不敢奢望与英、美海军达到同等的数量和规模[1]。

因此，重塑国际形象，极力避免英美的联合打压，才是日本的谈判方针。为了实现这个隐性目标，代表团对舰队的数量和吨位做出让步。换言之，为了尽量避免和英美争得面红耳赤，日本从一开始就放弃了谈判的攻击性[2]。此番姿态等于默许英美主导话语权，缓解舆论压力成为日本谈判的主要目标，对于关键的舰队规模自然一再退让。

此外，日本"以和为贵"的传统观念也多少影响了代表团的发挥。而且，基于根深蒂固的农耕思想，日本对于被国际孤立的后果未免比较悲观。从之后的历史演变来看，日本的做法显然值得商榷。

美国式谈判

言归正传，再看美国宣扬"互助""双赢"的谈判风格。

回顾历史，**与日本截然相反，把性质迥异、毫无关联的议题混为一谈堪称美国的拿手好戏**，从其建国初期的两届大陆会议 ① 就可见一斑[3]。

随着费城谈判临近尾声，弗吉尼亚州提议的废除奴隶贸易逐渐成为争论的焦点。基于州内黑人奴隶过剩，弗吉尼亚州政府考虑向周边的南方各州输出，因此希望禁止各州通过其他渠道进口奴隶。奴隶贸易本是自身的经济支柱，弗吉尼亚州却突然提出将"禁止奴隶进口"写入美国宪法，此中背景错综复杂，也是出于一己之私。

这则提议自然遭到了南方各州的反对，结果正中弗吉尼亚州的下怀。这一步棋可谓意味深长，旨在借助南方各州的强烈反对之势堵住北方各州的废奴主张。简言之，弗吉尼亚州提议的目的首先只是纯粹限制奴隶进口，即便不成，至少可以预防北方各州要求把"废除奴隶贸易"

---

① 大陆会议（Continental Congress）是 1774 年至 1781 年英属北美殖民地（十三州）以及后来美利坚合众国的立法机构和临时政府，共举办两届。——译者注

写进宪法。通过双保险的提案确保本州立于不败之地，无论何种结果都能从中渔利。

就在此时，北方各州抛出与"废奴"问题毫无关联的提案，要求海外贸易必须优先使用本国船舶。

需要补充说明的是，在美国独立战争时期，英国曾禁止殖民地的船只于本国靠港。虽然美国最终独立，但是该项禁令并未废除。这对于造船业及海运蒸蒸日上的美国北方各州无异于沉重的打击，因此他们想方设法试图打破禁令。办法其实极为简单，只需"以彼之道，还施彼身"。美国同样实施禁令，在英国抗议之后再提议两国同时废除。为了提前准备与英国讨价还价的筹码，美国北方各州把"优先使用本国船舶"提上议程，此举与弗吉尼亚州的算计可谓有异曲同工之处。

如此一来，两则毫无关联的议题同时浮出水面。各州明争暗斗，宪法的起草者也是绞尽脑汁。

首先，以少数服从多数的原则投票表决，这对南北十三州的代表或许不难，但是，南方各州（除弗吉尼亚州）显然不能容忍宪法中出现"废除奴隶贸易"的字眼。其次，一旦接受北方各州优先使用本国船舶的提议，势必会增加农产品出口的成本，有损南方各州的利益。

无论如何，尽早颁布宪法才是头等大事。因此，心思各异的州代表极力回避对本州不利的条款，又不愿因为门户之争使得立宪成为死局。于是，他们只能含糊其词、搁置争议，留待将来联邦议会制定法案时另行协商。具体表现为以下两个方面。

一是为了稳住南方各州，明确"废奴"问题未来由联邦议会审议。鉴于南北方的矛盾显而易见，各州代表默认不在宪法草案中提及"奴隶"字样（从某种意义上说，这也正合弗吉尼亚州的心意）。

二是作为对北方的回报，南方各州同意：将来在议会表决"优先使用本国船舶"的议题时，不再坚持需获得2/3的赞成票才能通过，改为"只需票数过半"。考虑到南方5个州的总票数超过议会的1/3，一旦抱团，就根本无法实现"绝大多数同意"，因此这番让步也为北方保留了希望的火种。

综上所述，两个议题毫无关联，轻重缓急的程度于南北方也是迥然不同。宪法的起草者从中发现协商的余地，巧妙地达成"双赢"的成果[4]。由此可知,**"互助""双赢"的谈判模式在美国政治中实属常见。**

日美纺织品谈判的背景

第二次世界大战结束后，日本经济迅速崛起并渐入佳境，不料却因为纺织品与美国产生贸易摩擦。

当时的纺织品主要是棉纺织品。随着摩擦升级，美国总统理查德·尼克松把冲绳问题摆上台面，借题发挥。经济蒸蒸日上的日本首次接触"互助""双赢"的美国式谈判，讨价还价的筹码还是本国领土，只能无奈妥协。

具体还得从纺织品说起。日本于 1935 年超越英国，成为全世界出口棉纺织品最多的国家。战后的日本百废待兴，战前引以为豪的棉纺织业自然成为振兴经济的支柱产业。对此，无论日本政府，还是当时占领日本的美国军方均没有异议。而且，美国政府及业界还积极为日本的复兴提供技术和资金支持。

然而，日本的廉价衬衫逐渐在美国市场泛滥，甚至出现"一美元一件"的现象。面对如此局面，美国纺织业从 1955 年开始敦促政府实施产业救济，限制进口日本产品的呼声一浪高过一浪，最终两国政府签订了《日美纺织品协议》。

当时活跃于华盛顿的政治说客麦克·正冈[①]在自传中写道："根据1956年美国国家棉花协会（简称 NCC）的数据显示，美国的棉纺织品产量为 96.2 亿平方米。相比之下，从海外进口的数量只有 1.56 亿平方米。"他进一步指出，虽然美国进口的棉纺织品约 75% 来自日本，但与国内的产量相比实在微不足道。因此，日本的棉纺织品出口不足以动摇美国的棉纺织业[5]。

"日本产品在美国市场的份额微乎其微，为什么美国只对日本采取限制？"在与反对进口日本产品的急先锋、美国国际棉花协会研究所副所长会面时，正冈毫不掩饰心中的疑惑，对方也是一语中的："相比于目前的销量，我们更担心未来。"[6]

迫于美国的压力，日本业界率先妥协。1956 年 5 月，双方就棉绒、格子布等廉价纺织品的进出口比例达成共识。

对此，正冈直言无法接受："美国只有一家企业生产棉绒，格子布的生产大多采用老旧的纺织机，效率极为低下。即便如此，日本产品在美国市场只占区区几个百分点。廉价衬衫虽然流行一时，但是质量更优的产品将会越来越受消费者的青睐，因此这只是需求旺盛之下的短期现象……鉴于美国同期呈现贸易顺差的现实，美方的要求显然不合情理……无论如何，日方的妥协只会给美国留下胆小怕事的印象。"

根据正冈的预测，"即便日本愿意缩减在美国市场所占的比例，这块空缺也不会被美国的纺织业填补，何况他们的设备都是从南北战争时

---

① Mike Masaoka，也译作正冈优。——译者注

期沿用至今的。可想而知，美国会寻找新的卖家，如中国香港和台湾地区、韩国、马来西亚，甚至非洲国家"。

那么，日本应该如何应对？针对当时的情况，正冈呼吁：即便面对美国的重压而不得不妥协，也应该由希望限制进口的一方（美国）向管理有序的一方（日本）做出承诺，严格整顿本国产业和市场。

他在自传中写道："如果美国因为进口纺织品的冲击而采取保护主义，日方有权要求美国对市场份额做出让步，甚至迫使美国开放部分市场。"[7] 也就是说，日本应该敦促美国进行设备的更新换代，围绕相互开放市场展开谈判。如果能够达成这样的共识，即使美国坚守保护主义，日本也能播下自由贸易的种子，这才是真正意义上的"双赢"。

必须指出的是，美国缺乏法律条文保障自身纺织业得到救济。既然美国国内对此无能为力，那么归咎于别国、要求对方实施自愿出口限制（VERs）就势在必行。明知本国部分产业呈现颓势，但是立足于自由贸易的时代潮流，共和党德怀特·戴维·艾森豪威尔政府坚持把世界经济引向自由发展的道路。

总之，自由发展才是大势所趋。一旦稍有阻碍，美国便让对方以自愿出口限制的方式解决。鉴于此，正冈"接受出口限制的一方要求另一方在一定时期内重振产业"的对策可谓有理有据[8]。然而，谈判双方毕竟立场不同。为使立场一致，美方往往开门见山地直指矛盾冲突[9]。日方不明所以，为稳妥起见而采取守势，导致在谈判伊始便落了下风。

在《谈判学入门》一书中，谈判学权威佐久间贺描述道："日本人习惯寻找共同点，在加深理解的过程中达成共识；美国人则把谈判视为对抗，因此喜欢先发制人，率先表明自身主张的正确性及合理性。"

审视日美围绕纺织品展开的第一次贸易战，双方风格迥异的谈判思维可见一斑，日本无奈接受自愿出口限制的根源也在于此。

日方的反思与反抗

保护主义屡试不爽，这股风气已悄然蔓延至其他行业。

迫于美国棉纺织品企业的压力，艾森豪威尔政府**不满足于日本民间团体的自发行为，进而要求两国签订协议，把自愿出口限制的责任强加给日本政府。**

出于对本国产业竞争力的自信，美国倡导全球展开自由贸易的主张符合自身利益。然而，一旦涉及对部分行业和企业的维护，美国政府却又违背原则、颠倒是非，把问题推给别国解决。话虽如此，日本政府还是于 1955 年 12 月同意要求，并于 1957 年 1 月与美国签订协议，把自愿限制棉纺织品出口的期限延长至 5 年。

名为"自愿"，其实对出口总量乃至商品类别均有严格规定。例如，美国允许进口的棉布总量为 1.13 亿平方码①，其中，棉绒类不得超过 250 万平方码。套上这两个"枷锁"之后，其他棉纺织品的份额也就所剩无几了，条件可谓极为苛刻[10]。

———

① 英制单位，100 平方码≈83.6 平方米。——译者注

日本政府和业界之所以接受这样的条款，一是鉴于美国着手与各国签订《国际棉纺织品贸易长期安排》（简称 LTA），若能率先达成日美双边协议，想必可以获得美国的优待，即提高日本产品在美国进口总额中的占比；二是《国际棉纺织品贸易长期安排》的签订于双方有利，也有助于推动欧洲市场放宽较之美国更为严苛的进口限制[11]。

然而，这只是日本的一厢情愿，于谈判毫无用处。两国之间签约与多边贸易协议毕竟是两码事，若要美国同意增加日本产品的进口量，双方必须展开新的谈判。而且，美国未必领情，日本为促成《国际棉纺织品贸易长期安排》所做的努力不足以令美国改变心意，进而调整两国之间的协议。

结果，日本国内怨声载道，对《日美纺织品协议》及《国际棉纺织品贸易长期安排》的反感日趋强烈。恰在此时，世界纺织业也在发生天翻地覆的变化。作为全球最大的纺织品市场，美国兴起了消费革命。

身为"二战"的战胜国之一，美国于战时积累了大量的消费需求，并于战后井喷。简言之，以消费带动经济的趋势日益明显，高档服装成为市场的专宠。随着需求扩大、技术革新，纺织业的销售重心也从棉纺织品转到化纤产品。

供需结构变化导致棉纺织品就此失宠，使得化纤产品的市场急剧扩大，先前协议的限制条件显然已经不合时宜。为了规避限制，不受约束的化纤产品自然成为日本出口美国的主力。《日美纺织品协议》的存在反而促使化纤产品大热，想来也是讽刺。

于是，美国纺织业呼吁把化纤产品纳入两国的协议。美国一方面需要调整与日本的协议，另一方面也要与各国修订《国际棉纺织品贸易长期安排》。总之，美国重新签订两个协议迫在眉睫。

但是，这回美国的要求遭到日本纺织业的强烈反对。一方面，签订《日美纺织品协议》之后心愿落空的旧恨尚未消退；另一方面，正值约翰·肯尼迪政府积极推进关税及贸易总协定（简称 GATT）、倡导削减全球关税之时，美国仍不放松对日本纺织品的限制，日本自然难以接受。

再者，随着化纤产品的市场需求急剧增加，美国纺织业也迎来了春天。1963 年，进口产品在美国纺织品市场的占比只有 3.6%。因此，日本纺织业一致认为：进口产品冲击美国市场的说法纯属无稽之谈，而且日本是否限制纺织品的出口只是经济问题，不应上升到政治层面。

"纺织品之争"的本质

然而，对美国来说，纺织品之争确实攸关国内政局。

1960 年总统大选，来自马萨诸塞州的民主党候选人肯尼迪起初并不占优势。为了争取南部东卡罗来纳州、南卡罗来纳州、佐治亚州等纺织业发达地区的选票，他承诺当选后着手限制纺织品的进口。1962 年 2 月签订的《国际棉纺织品贸易长期安排》算是他兑现诺言。肯尼迪遇刺后，继任的林登·约翰逊虽然来自得克萨斯州，却对南方票仓并不重视。因此，美国大张旗鼓地推行自由贸易，对纺织业并未采取保障措施，直至 1968 年美国再次大选。

为了顺利赢得党内提名和总统选举，共和党候选人尼克松精心布局，纺织业成为举足轻重的棋子。

共和党代表大会于 1968 年 8 月召开，扎根西部的尼克松急需南方各州的支持。当时，纺织业是呼吁限制进口的主力军，也是南方的支柱产业。为了确保当选总统候选人，尼克松拉拢南卡罗来纳州以重视纺织业闻名的参议员斯特罗姆·瑟蒙德。两人一拍即合，瑟蒙德四处活动，游说南方各州把票投给尼克松。作为回报，尼克松公开承诺将会促成对纺织业的进口限制。

在轻松赢得党内选举之后，尼克松剑指 11 月的总统大选，力图以"南部战略"（争取南方各州的选票）击败民主党候选人休伯特·汉弗莱。由于已经获得纺织业的支持，尼克松的意图更为明显，直接把限制进口纺织品作为竞选宣言。可以说，美国日后在纺织品贸易战中的战略规划早在尼克松竞选时便已萌芽[12]。

为什么尼克松政府没有颁布限制进口纺织品的相关法规，而是要求日本自愿限制纺织品出口呢？**此中涉及"对外政策"和"对内统治"的平衡**，这种"政治的两面性"对各国来说司空见惯，更何况当时美国政府和国会的关系也是错综复杂。

为了厘清头绪，试问一下，美国国内是否一致赞成对纺织品实施进口限制？其实不然，极力主张自由贸易的群体大有人在。

20 世纪 60 年代后期，美国自"二战"以来确立的世界经济霸主地位已岌岌可危。不过，基于自身强大的产业竞争力，美国对自由贸易的追求有增无减，甚至将其与国家利益视为一体。因此，尼克松政府"对外政策"的主旋律依然是扩大自由贸易，至于个别领域，则另当别论，如纺织业等。

以总统选举为例，即便美国纺织业衰落的主要原因不在于日本，美国国内限制日本进口的呼声还是一浪高过一浪。在此背景之下，赢得大选的尼克松在 1969 年 2 月召开的记者发布会上表示："我坚信，保护主义不符合美国的利益，自由贸易才是……（因此）无论美国还是他国采取限制进口的措施，我都难以认同……颁布限制进口的法规与自由贸易的目标背道而驰，不如摸索新的道路，寻求以出口国自愿出口限制的方式解决问题……"[13]

　　言下之意不难体会。付诸法律武器极易催生多米诺效应，一旦对纺织品开创立法的先例，钢铁等行业也会纷纷效仿，尼克松政府扩大自由贸易的施政纲领就成了一纸空文。因此，若能通过谈判迫使对方自愿限制相关产业的出口，国会在审议时就不至于议论纷纷。"自由贸易的执政方针"得以贯彻，也算是对南方支持者的一个交代。

商务部部长牵头贸易谈判

以政治手段解决经济问题，也是美国的惯用伎俩。

在尼克松上台之初，美国曾经与日本相关人士展开非正式秘密接触，希望借此传达总统的立场，继而展开正式谈判。然而，随着尼克松政府步入正轨，这条路线迅速失去作用。

限制纺织品进口最初只是竞选的策略，为了兑现承诺，掌权者必须拿出实际行动。对尼克松政府来说，无论如何暗流涌动，日本能否接受才是关键。入驻白宫的成员及政府班底均由总统任命，颇有按照对竞选的贡献论功行赏的意味，**而纺织品谈判交给谁来牵头，意义自然非同一般。**

通常来说，美国与他国进行贸易谈判是贸易代表办公室（简称USTR）的职责，但是，与日本谈判的并非卡尔·吉尔伯特，而是商务部部长莫里斯·斯坦斯。这是什么原因？斯坦斯与尼克松私交甚笃，对竞选也多有资助。出任商务部部长之初，想必连他自己都认为可以总揽尼克松政府的贸易政策。但是，"贸易代表"一职本身就是为贸易谈判所设，无须他人介入。于是，借助与尼克松的私交，斯坦斯获得总统特许——至少他把与纺织品相关的谈判纳入了商务部部长的职权[14]。

为了兑现尼克松竞选时的承诺，斯坦斯大权在握之后也是不遗余力。为了讨好纺织企业，他一改与别国事先协商、谈判纯属走形式的做法，开始临场真刀真枪地论战。

斯坦斯出访的第一站是欧洲。事实上，这也与他负责纺织品谈判的任命有关。1969 年 2 月，尼克松访欧时，对贸易问题等细节并未深谈，只是表示之后会派遣商务部部长斯坦斯来详谈，并且强调由他全权处理纺织品问题。

当然，斯坦斯的贸易谈判范围并不限于纺织品，只不过这原本属于贸易代表的职权，因此需要通过这项特殊任命彰显对纺织品的重视。

无论如何，既然总统如此表态，商务部部长只能暂缓远东之旅，首先奔赴欧洲。他以参加在日内瓦召开的"关税及贸易总协定大会"为名，力争说服主要国家把化纤品纳入《国际棉纺织品贸易长期安排》的范畴。

不过，在面对欧洲诸国时，斯坦斯把问题归咎于远东国家大量出口廉价商品，宣称美国与欧洲面对同样的难题，理应联手协商对策[15]。从结果来说，有两点显然背离他的初衷。

首先，欧洲各国反应冷淡。英国的态度是"既然问题的根源在远东，那么美国去远东将其搞定就行了"。同样，实现战后经济复苏的联邦德国则评论说："美国的提议大为不妥，其实质是联合发达国家抵制发展中国家。[16]"

其次，日方展现强硬的姿态。鉴于美国联手欧洲各国对付日本的企图昭然若揭，日本通产省及纺织业也是严阵以待。在纺织品的战场上，日美对立的趋势日益明显。

冲绳问题

自"二战"结束，日本本土被联合国接管以来，日本始终积极谋求独立。1951 年 9 月，于美国旧金山召开的对日媾和会议也让人看到了曙光。另外，占领冲绳的呼声在美国内部也是甚嚣尘上[17]。

对此有所警觉的首相吉田茂向联合国提交大量文件，力证冲绳、小笠原、桦太、千岛、齿舞、色丹等属于日本。然而，正值冷战加剧、美苏争霸的关键时期，冲绳的战略地位至关重要。同时，考虑到日美国力悬殊，把归还冲绳一并纳入日本独立的议程未免不切实际。

但是，在谈判的过程中，美方代表约翰·福斯特·杜勒斯提及被联合国军占领的冲绳和小笠原："美国本可将各岛纳入联合国的信托管理之下，不过，还是承认日本保有主权。[18]"这成为日后冲绳问题谈判的开端。而且，美国最终也的确没有把冲绳和小笠原列入托管地区。毕竟，冲绳遍布美军基地，一旦将其纳入联合国的管理范围，苏联便会乘机扩充地盘，于美国不利。

因此，具有讽刺意味的是，冷战的加剧反而有助于日本将来收复冲绳。正是基于这样的考虑，吉田茂建议暂时搁置冲绳和小笠原问题，留待日后商议。不管怎样，在 1952 年 4 月《旧金山对日和平条约》正式生效时，冲绳依然由美国管辖。吉田茂只能以"潜在主权"的名义接受美国对冲绳的独占。

1957 年 2 月，岸信介当选日本首相，此后立足于吉田茂的路线，积极展开冲绳问题的谈判，可惜时机尚未成熟。在上任后的第一次日美首脑会谈（1957 年 6 月）时，岸信介强烈要求美国军队撤出冲绳。艾森豪威尔表示，美国认可日本的潜在主权，但是鉴于远东的紧张局势，解决冲绳问题明显时机未到。

当然，美国对于冲绳问题的态度，也因为冷战的变化而表现得时软时硬。例如，在艾森豪威尔做出这番表态的五年后，1962 年 3 月，鉴于古巴导弹危机以来美苏对峙的局面有所缓和，肯尼迪发表声明："认可冲绳属于日本，期待有朝一日自由世界的安全保障问题不再严峻，届时可将冲绳交还日本。[19]"话虽如此，平心而论，对日美双方而言，"安全保障"在短期内难以实现。

岸信介卸任后，日本经济在首相池田勇人的引领下于 20 世纪 60 年代迎来高速发展。无论是经济层面还是社会层面，冲绳的地位日趋重要。然而，两国的掌权者从来没有提及冲绳问题。可见，即便在日本政府看来，时机也仍未成熟。

最早提出具体解决方案的是日本政坛举足轻重的人物——池田勇人争取第二次连任时的竞选对手——自民党总裁佐藤荣作[20]。但是，佐藤的行为被普遍认为是故意与池田内阁回避冲绳问题的姿态叫板。换言之，至少在当时主流舆论的眼中，这只是哗众取宠、故作姿态。

佐藤荣作被誉为吉田茂的得意门生。吉田茂曾多次与美国谈判，佐藤受其影响，也是当时少有的视冲绳问题可以被解决的政治家。可以说，解决冲绳问题也是佐藤的志向。虽然佐藤在与池田的首相之争中铩羽而归，但是属于他的时代悄然来临——池田勇人在第三次当选首相后仅 4 个月便因病请辞，佐藤荣作于 1964 年 11 月奉命组建内阁。

身为日本最高行政长官，首相既要心怀大志，又要立足现实。审视佐藤上台的时局，亚洲风起云涌，先是美国介入"越战"，后是中国成功引爆原子弹；之后，肯尼迪遇刺，约翰逊接任总统。因此，佐藤在就职演说中大谈"自主外交"，即立足亚洲的新形势，重新审视日本的定位。解读言下之意，冲绳问题自然包括其中。然而，从实际出发，佐藤并未直接提及冲绳问题。

佐藤荣作的承诺

1965年1月，佐藤荣作出访美国，于华盛顿会晤约翰逊。佐藤就任伊始便访问美国，感觉像是人事变动后的工作汇报，国内媒体自然对其口诛笔伐。但是，这番自觉低人一等的评论也是由日美国力悬殊所致。倘若两国旗鼓相当，也就不会有这样的类比了吧。

当然，鉴于中国成功引爆原子弹[21]，佐藤心中想必清楚，冲绳问题虽是心结所系，此时收复失地并非易事。

即便如此，他依然决定奔赴美国。毕竟，五年后，即1970年适逢《日美安全保障条约》的修订。他此行既可以探明美国能在多大程度上保护日本免受中国的核威慑，又可以以新任首相的身份向美国高层表明他自己的意愿。

在访美归来半年之后，佐藤于1965年8月视察冲绳。"（全体国民包含我在内深信）只要冲绳问题一日没有解决，战后占领时代就没有结束。"佐藤在那霸机场的声明正式宣告政府将解决冲绳问题定为目标，具有划时代的意义。

然而，实际是否可行，多数人感到不乐观。在《可行的最佳途径》

一书中，作者若泉敬引用外务次官下田武三的评价表明当时外务省的态度：

"解决冲绳问题的目标事先并未内部通气，因此东京方面的播报（首相于那霸机场的声明）令人大吃一惊……佐藤首相素以谋定而后动闻名，无论议会或内阁如何议论纷纷，除非时机成熟，否则他绝不轻易表态，往往让下属等得心焦。这次反其道而行之，突然抛出如此重要的方针，下属也是全无准备……首相此举对外务省无异于晴天霹雳，而且鉴于当时的国际形势，这份声明未免显得有些不合时宜……[22]"由此可见，那霸机场的声明或许只是佐藤在表明决心，旨在揭示目标、动员政府。

但是，首相既然如此表态，下属自然不能等闲视之。掌权者只需指明方向、摆明姿态，便可推动事态的发展——这堪称佐藤荣作的政治本能。否则，在毫无胜算之时把自己推上风口浪尖，实在令人匪夷所思。

一石激起千层浪，日本国内之后的动态也确实如佐藤所料，虽然并未看到希望的曙光，但各界还是围绕冲绳问题积极展开讨论。各类方案浮出水面，或是依旧作为美军基地但收回管辖权，或是从美军基地逐渐过渡到完全由日本管理。

这番热议紧扣美国陷入"越战"泥潭。日美双方虽然立场各异，但是也能达成共识："为了保障各资本主义国家的利益，冲绳的重要性与日俱增。[23]"围绕这个共识，美国高层逐渐重视日本这个亚太地区的盟友。略带讽刺意味的是，美国也对日本国内如何看待两国关系表现出前所未有的关心。

因此，面对日本对于解决冲绳问题的热情以及自身对"越战"的厌倦，美国既抱有期待，也隐隐感到不安。在意识到与日本结盟的重要性后，美国舆论的口风有所松动：只要不限制美军在亚太区域的行动，冲绳问题未必不能商量。这也正中佐藤下怀。于是，1967 年 7 月，双方于东京秘密商议冲绳问题，并且定于当年 11 月展开两国首脑的第二次会谈。围绕这场会谈，各方紧锣密鼓地展开准备，可谓好不热闹。

第二次日美首脑会谈

1967 年 7 月 15 日，外务大臣三木武夫与美国驻日大使亚力克西斯·约翰逊率先会晤，拉开了关于冲绳和小笠原等地的秘密谈判序幕。小笠原各岛的问题相对容易被美方接受，毕竟其战略价值不如冲绳。若把两者一起提给美方，美方也会有所斟酌。出于拉拢日本的考虑，美方总不至于全部驳回吧？

鉴于当时美国深陷"越战"的泥潭，且与远东各社会主义国家剑拔弩张，美国军方强烈反对撤出冲绳，因为这会影响对冲绳的自由使用。而且，在美国国会看来，"冲绳是无数青年浴血奋战夺下的土地"，断不能拱手相让。何况，总统约翰逊已被"越战"搞得焦头烂额，实在不想节外生枝，因冲绳问题再度引火上身。

佐藤为此坐立不安。毕竟，自己积极主张此事，国民的热情也被点燃，岂能不了了之？为此，日美需要达成某种"政治交易"。那么，如何才能吸引美国总统的注意呢？最佳办法就是了解他的处境、通过他的亲信掌握其真实的想法。或许是基于这样的考虑，佐藤又出奇招——派出首相密使若泉敬出访美国，积极与约翰逊的亲信联系，打探总统的意图，尤其是关于冲绳问题的口风。想必佐藤也没把希望完全寄托在这一步棋上，无非是因为外务省的正规渠道进展缓慢，姑且多做尝试吧。

最终，若泉敬不辱使命，成功打通总统约翰逊的门路，通过总统特别助理沃尔特·罗斯托源源不断地获取情报。于是，在佐藤与约翰逊第二次会谈之前，这条线发挥了极为重要的作用。

佐藤最大的心愿就是促使约翰逊在会谈时接受日方的条件："在两三年内敲定冲绳问题。[24]"

为什么佐藤会明确提出"两三年内"的具体目标？对此，若泉敬在回忆录中写道："在 1967 年 11 月第二次日美首脑会谈时，佐藤首相亲手把'两三年内彻底敲定冲绳问题'的备忘录递给约翰逊。（为什么首相会对'两三年'这个期限如此执着……）其实，在第一次首脑会谈时，佐藤首相便极力主张美国撤出冲绳……当时约翰逊随口应道'两三年内再说'，令佐藤耿耿于怀。之后的联合声明对此并未提及，约翰逊敷衍的态度也让佐藤备受打击，所以这次访美他决定正面进攻。[25]"

在第一次首脑会谈时，佐藤和约翰逊均上台不久，因此相谈甚欢，气氛轻松。"两三年内再说"纯属约翰逊漫不经心的一语，然而听者有心，并且在第二次会谈时大做文章，此中故事耐人寻味。

在经过深思熟虑之后，罗斯托向若泉敬转达美国对日本的期望。简言之，约翰逊因为"越战"而遭到国内的口诛笔伐，亟须日本从精神和物质层面予以支持，所以期待佐藤能有所表示。具体表现为：

一、会谈后计划于华盛顿的美国国家记者俱乐部举行发布会，希望佐藤荣作面对美国国民正式做出承诺，提出支援美国的具体措施。

二、为了改善美国的国际贸易收支，解决日美贸易不平衡的问题，加快日本贸易和资本的自由化进程。

三、日本加大对亚洲的经济援助，从某种意义来说，即分担美国在亚洲地区日益庞大的投资。

这番事先沟通基本由罗斯托和若泉敬单线联系，参与者少之又少。佐藤和约翰逊两位主角在正式会谈时会有怎样的互动，无人可以预料。不过，首席秘书楠田实曾陪同佐藤出访美国，若泉敬在自己的著作中引用楠田实对佐藤发言的记录[26]："正值'越战'深入和中国核武器技术日趋成熟之际，在不影响战略安全保障的前提下，美方能否在合适的时机撤出冲绳？希望能定下明确的目标，在两三年内予以落实……"

根据楠田实的记录，约翰逊对此的回应是："不限于经济层面，我们同样欢迎日本承担越来越多的责任。"于是，在重申"长期贯彻《日美安全保障条约》"之后，佐藤交给约翰逊一纸备忘录，上面写着："双方同意在两三年内（英语原文：within a few years）达成彻底解决冲绳问题的条件。"

尽管佐藤如此不遗余力，结果依然遭到了美方的拒绝。对方给出的理由是两三年后已是下届总统的任期，当前无法做出承诺，此前也没有先例。

然而，迫于佐藤的热忱，约翰逊政府还是通过国防部部长罗伯特·麦克纳马拉正式表态："有朝一日会把冲绳交还日本。"虽然冲绳问题留待将来解决，但总算得到了美国的公开承诺[27]。

美国政党更迭

在第二次日美首脑会谈的联合声明中,双方对解决冲绳问题的时机约定如下:"关于冲绳的管辖权,佐藤强调,两国政府同意于两三年内敲定具体条件。约翰逊表示,充分理解日本国民渴望收复各岛的诉求。同时,佐藤和约翰逊均认可各岛的美军基地对于保障日本等远东资本主义国家发挥的重要作用。经讨论决定,首相和总统同意,在冲绳管辖权终将交还日本的前提下,双方共同合作、密切协商……"

"两三年"的期限终究未能敲定并写入声明。若泉敬在和罗斯托沟通之后,记录如下:"确定两三年的时限实在困难,也不符合美国一贯的作风。如果约翰逊答应下来,下一届总统就会犯难。明年大选的情况尚不明朗,如果他轻易为下一届政府做出承诺,非但不合情理,还会适得其反……但是,两三年内,即最迟于1970年春,确定何时解决冲绳问题的共识已得到总统约翰逊、腊斯克(国务卿)、麦克纳马拉(国防部部长)、邦迪(国家安全事务助理)和罗斯托(总统特别助理)的认可。约翰逊总统如果连任成功,便可集中精力于1969年敲定此事。[28]"

或许正是基于这样的背景,在1967年11月20日飞抵东京羽田机场时，佐藤发表公开宣言："两国关于冲绳问题达成共识，同意展开协商。我相信，通过继续协商可以与美国签订两三年内解决冲绳问题的协议。[29]"

然而，政治的舞台瞬息万变。随着美军在"越战"中越陷越深，约翰逊也是声名狼藉，最终于 1968 年 3 月宣布不再谋求连任。年前 11 月的约定言犹在耳，仅仅 4 个月后约翰逊便宣布放弃竞选，这对佐藤无疑是一记重击。

新政府是否认可前任的对外公约？民主党取代共和党后，大政方针是否会发生根本性的改变？是否会波及冲绳问题？在大选收官阶段，胜券在握的共和党候选人尼克松自己给出答案："一旦当选，我会基于 1967 年 11 月日美首脑会谈的成果深化发展两国关系。关于冲绳问题，我的立场是有朝一日必交还日本……[30]"

1968 年 11 月 5 日，共和党候选人尼克松以微弱优势击败民主党候选人汉弗莱，成为美国第 37 任总统。同年 11 月，佐藤凭借"与美国就冲绳问题达成协议"的口号第三次当选自民党总裁。

此时，只剩三点阻碍：是否储备核武器、能否自由使用军事基地以备大规模作战、何时归还[31]。前两点主要由日本斟酌，第三点完全取决于美国。

1969 年 3 月，佐藤明确前两点的谈判底线（引自内阁官房长官保利茂的发言[32]）："冲绳去核化，同时回归日本。"对此，尼克松会如何应对？而且，前任总统约翰逊默许的"两三年内"是否依然有效？

政治家大多具有老成谋国和明哲保身的两面性，而对尼克松来说，这样的两副面孔表现得尤为极端。尼克松身为一流战略家所设计的手段毋庸置疑，如结束"越战"、中美建交、缓和与苏联的冷战等。同时，由于出身贫寒，主要凭借个人奋斗，尼克松又表现出多疑、固执、痛恨背叛的一面。而且，他善于剖析利害关系，行事多从自身利益出发。

根据事后公布的资料显示：一方面，基于冷战环境下对日本的重视，尼克松就任伊始便敦促国务卿亨利·基辛格制定对日政策，包括冲绳去核化；另一方面，出于对大选涉险过关的危机意识，为了进一步巩固南方票仓，尼克松对纺织品问题异常热心、坚持己见。

尼克松一旦有所决定便会想方设法予以实现，以决策带动实施。因此，他所表现出的两面性自然也在情理之中。

冲绳问题与纺织品问题

出任总统不久，尼克松便要求国务卿基辛格组织相关部门，研究包括冲绳问题在内的对日政策。根据基辛格的回忆录，研究结论为：日本是美国实施亚洲战略的重要盟友，必须重视并加强两国关系。在1969年4月的国家安全委员会会议上，尼克松听取基辛格的报告并予以肯定[33]。

同年5月，有关部门相继收到尼克松的指示，"只要冲绳基地满足武力覆盖韩国、越南等地的要求，可以考虑把主权交还日本。同时，为了不伤及日本国民的感情，对核问题的研究需慎之再慎。换言之，尼克松明确表态，不强求在冲绳囤积核武器"[34]。

第一个是，之后的两个"变故"出乎尼克松的意料。

首先，纺织品并不在对日政策的范围之内。基于尼克松竞选时的承诺，纺织品问题由商务部部长斯坦斯全权处理。

第二个是，美国对日政策的决定（尼克松签署的《国家安全保障会议纪要》）被《纽约时报》曝光[35]："计划于1969年内两国达成共识，在1972年前完成细节谈判，然后美国可以接受于1972年内彻底解决冲绳问题。如果全面交接的条件得以实现，总统乐意撤走冲绳的核武器。"

对日政策在双方谈判前惨遭泄密，美国慌忙发表声明："由于解决问题的条件尚未满足，总统并未做出决定……"然而日方对此信以为真。因此，在谈判中，日本发现美国对彻底解决冲绳问题的时机及去核化问题含糊其词，不禁焦虑不安。

随着矛盾的升级，最后与冲绳问题毫无关联的纺织品问题被摆上桌面。无法断言这从一开始就在美方的算计之内，也不知从什么时候开始，以纺织品迫使日本对冲绳问题让步的想法在尼克松心中萌芽。把对外政策与对内统治结合，这是尼克松总统的独到创新，想必也让两国其他谈判人员措手不及。

当然，解决冲绳问题利大于弊，但是需要日本有所让步。美国是否应该设置交还的前提条件？或者，美国要求日本做出怎样的补偿？基于某种等价交换的原则，谈判的基调就此定下。

不过，类似的条件约翰逊政府也提过。例如，日本削减贸易顺差、加快资本的自由化进程、提高对亚洲的援助金额……抛出这些对外经济政策迫使日本让步也就罢了，为什么会扯上"纺织品"这个"美国国内的问题"？日方对解决冲绳问题志在必得，自然反感美方顾左右而言他的做法。

美国原本"以静制动"，避免火上浇油，此时抛出纺织品问题也是深思熟虑的结果。

商务部部长斯坦斯出访欧洲无功而返，欧洲各国对其在世界范围推广进口限制，以此对远东各国施压的主张反响平平。箭在弦上，不得不发，于是斯坦斯于 1969 年 5 月来到日本。如前文所说，他的日本之行可以说是颜面扫地。日本内阁成员普遍心怀戒备，认为美国要求日本实行自愿出口限制的做法毫无经济依据，因此拒绝就纺织品问题进一步展开交流[36]。

日方态度如此强硬，我认为主要有以下原因：

第一，美方的要求确实不合情理。纺织品的主力商品已经转为化纤产品，较之棉纺织品更为高级。随着美国市场的不断扩大，美国与远东各国（含日本）的纺织业竞争难分高下。

第二，前文已有介绍，回顾《日美纺织品协议》的签订，日本深感上当受骗，自然倍加小心，以免重蹈覆辙。

第三，基于战后日本对美国的复杂感情。美国凭借强大的经济实力长期碾压日本，如今低声相求，日本国民总算扬眉吐气了一回。不过，这也说明日本终究自视低人一等。

第四，对冲绳问题遭到漠视而忐忑不安，因此坚决抗争，反对自愿出口限制。纺织业的领军人物想必都是抱着这样的心态吧。

日本的强硬态度导致美国国内产生两派观点：稳健派提倡适当让步，而强硬派主张对日本施加更大的压力。前者多为政府官员，后者则以尼克松身边的顾问为主，各方闻风而动，各显神通。

掌权者所处的政治环境

基辛格会同各部门展开对日政策的研究并最终呈报给尼克松，"时机成熟方可考虑冲绳问题"的方针其实早已定下。为了争取南方各州更大的支持（"政治关注"），总统需要斟酌如何将两者联系起来，这也在情理之中。

对尼克松来说，"对外政策"只需指明方向，要求相关部门加以研究；而从"对内统治"的角度来看，他需要借助选民之手与日本先进行接触。双管齐下，最后才是自己做出决定。这两步棋也表明尼克松的关注点已从"冲绳"移到"纺织品"上。

另一边的日本，佐藤一直以"彻底解决冲绳问题"的使命示人，为了谋求连任自民党总裁及首相，他自然对冲绳志在必得。

在尼克松看来，如果自己在日方最关心的冲绳问题上做出让步，佐藤也应对纺织品问题有所妥协。无奈美国缺乏可以统筹全局的管理人才展开"互助双赢"的谈判，尼克松只能根据自己的设想亲自上阵。

日本方面也存在同样的问题。冲绳问题由外务省及首相的顾问牵头，纺织品问题则以业界和通产省为主。整合两派的意见尤为不易，日方自然极力回避这样的谈判模式。

而且，两位首脑的背后也是阻力重重，两国纺织业均希望政府采取强硬的姿态。尼克松需要兑现竞选时的承诺，而日本业界坚决反对佐藤接受自愿出口限制的条件。在此背景之下，佐藤和尼克松自然多有顾虑。

不过，尼克松率先发难，把纺织品问题作为冲绳问题的谈判筹码，占据主动。最关心的冲绳问题悬而未决，佐藤在心理上落于下风。

1969 年 5 月，访日一无所获的斯坦斯回到美国。在后世的学者看来，捆绑冲绳问题和纺织品问题的"双赢"谈判策略也在此时启动。5 月 20 日，斯坦斯于华盛顿召开记者发布会，重申签订多国贸易协议的主张，旨在限制化纤产品进口美国。而且，他也给出退而求其次的方案：如果多国协议无法签订，至少与主要出口国签订"双边协定"；假如双边协定也不可行，则由美国国会制定单方面限制进口比例的法规；最后，倘若 90 天内情况没有任何改善，则对日本采取全面限制[37]。斯坦斯的强硬姿态无疑得到了尼克松的默许。或者说，他越是强势，越能为尼克松营造有利局面。

纺织品问题是尼克松的关注点，美国政府内部迅速对此达成共识。仅仅不到两个月，日美主要政府官员于 1969 年 7 月齐聚日美贸易经济联合委员会①时，美方代表异口同声地表示纺织品才是当前最大的问题。与此同时，基辛格也向若泉敬传达了美方高层的意思："当务之急是解

———
① 1961 年 1 月，池田勇人访美，在与肯尼迪和腊斯克的会谈中决定设立，旨在推动日美经济合作。——译者注

决纺织品问题……事关尼克松总统的威信……请贵方多想办法……[38]"

根据基辛格的回忆录，这番谈话发生在 7 月，而若泉敬的记录是 9 月。根据我个人的推测，应当是基辛格在 7 月时就已感受到白宫对纺织品问题的重视，只不过对是否牵扯冲绳还犹豫不决，所以等到 9 月才告知若泉敬。

基辛格和若泉敬均为政治家，把纺织品问题卷入冲绳问题的谈判中，他们内心多少有些厌恶和别扭。不过，一切政治行为均受利益驱使，否则一事无成，二人自然深谙这个道理。

当然，除了基辛格和若泉敬对接之外，美方的意思也通过别的渠道传到了佐藤的耳中。根据若泉敬的介绍，获悉斯坦斯的发言内容后，麦克·正冈断言："佐藤首相和外务大臣爱知揆一还是过于乐观……以贸易，尤其是在纺织品问题上的让步，换取冲绳问题的解决在所难免。"正冈建议，在佐藤赴美时，把化纤产品的自愿出口限制列为可选条件，切勿包含在协议之内。而且，其他国家尤其是欧洲各国会对美国施加比日本更大的压力，因此以多国协议的形式反过来迫使美国接受条件，即转移矛盾，借力打力[39]。

然而，两国首脑在会晤时只做表面文章。虽然两者实质已被绑在一起，但对外仍宣称"另行协商"，正冈的建议也未被采纳。

"绳"与"线"的分离

在举办大型政治会谈时，各方要事先确定主要议程和谈判时间，希望可以顺利达成协议，解决问题。换言之，敲定会议时间，是为了各方积极推进、全面展开各领域的谈判。这便是政治层面"设置期限"的意义。

1969 年 11 月，佐藤与尼克松的会面正是解决诸多问题的良机。对佐藤来说，成败在此一举。而在尼克松看来，既要解决冲绳问题以加强两国关系，又要兑现自身选举时的承诺。

为了解决"冲绳"和"纺织品"这两个风马牛不相及的议题，各方人士群策群力，力争达成共识。而且，12 月月底恰逢日本众议院选举。所以，日本以此为挡箭牌，反对将两者混为一谈。

当然，对于各自的处境，彼此也是心知肚明。10 月 29 日，美国纺织业代表表示："在 11 月 19 日佐藤首相与尼克松总统协商冲绳问题之前，希望落实日本自愿限制纺织品出口美国一事。"通产大臣大平正芳迅速予以回应："我国也认为，有必要在首相访美前解决纺织品问题。[40]"

在此背景之下，通过基辛格和若泉敬的秘密联络，两国小心翼翼地探索解决这两个问题的办法。其中，关于纺织品问题，若泉敬在回忆录里这样写道[41]：

"作为第二次首脑会谈的议题之一，限制对美国出口纺织品一事不宜只在日美两国之间讨论，而应与相关国家展开多方会谈，签订各方认可的国际协议。这样做虽然费时，却是正道，而且可行。为了确定基本方针政策，建议日美之间预先展开秘密会谈，以12月初为目标。

"尼克松对此予以认可，也对佐藤首相的提议表示欢迎。尼克松总统进一步提议，两国需迅速派出值得信赖的代表，秘密协商纺织品问题（包括限制出口的条例）……佐藤首相表示同意。

"佐藤首相与尼克松总统再次确认，纺织品问题与冲绳问题的谈判无关，但是这一点不会被写入联合声明。"

由此可见，佐藤原本不想把纺织品和冲绳放在一起讨论。不过，对于以彻底解决冲绳问题为重的佐藤来说，除了答应也别无他法。

若泉敬在回忆录中也表达了自己的看法：

"如今想来，首相一定也是大惑不解。虽然冲绳去核化……得到美国总统的理解，但是密使（我，若泉敬）同时也带回了烫手的山芋。冲绳问题被纺织品问题绑架，佐藤首相的愤懑可想而知……冲刺阶段突然抛出毫无关联的议题，而且美方如此急不可待，实在令人费解。但是，我方当时并未深究其中的反常之处，完全被'不惜一切代价收回冲绳'的意识冲昏了头脑……这便是我方对国际政治权力和外交的理解——为了和平解决争端、争取国家利益、实现国家目标，我方不得不和对方妥协并达成'交易'，更何况是冲绳问题谈判这样的大局……[42]"

1969 年 11 月 19 日，即日美首脑会谈的第一天，关于 1972 年彻底解决冲绳问题的共识基本达成，之后几天主要围绕纺织品问题讨价还价。大会第二天，即 11 月 20 日，两国首脑正式讨论纺织品问题，首席秘书楠田实对此记录如下：

"尼克松团队先发制人，声明解决纺织品问题是为了兑现竞选的承诺，希望在合适的时间和地点达成日方自愿限制出口的协议。虽然联合声明不会提及纺织品问题，但是会把贸易和资本的自由化等一般经济问题包括其中……佐藤首相表示，鉴于纺织品问题的讨论在关税及贸易总协定大会上也没有结果，当前不宜期待过多，建议两国首先在日内瓦磋商并拿出方案，为纺织业指明方向……"

11 月 21 日，两国首脑展开"秘密会谈"。根据楠田实的记录，佐藤提出："关于纺织品问题的日内瓦谈判定在 12 月中旬为佳。同时，希望美方不要拘泥于限制日方纺织品出口的想法。回国后，我方会慎重考虑谈判团的人选问题。"

美方对此表示接受。难以想象的是，他们把佐藤的发言解读为"日本会按照尼克松的意思解决纺织品问题"。

秘密会谈的边界

鉴于众议院选举为时不远，佐藤迫切希望冲绳问题的谈判能取得突破性的进展。因此，面对尼克松把纺织品问题与冲绳问题相提并论的做法，他难以严词拒绝。毕竟，与尼克松秘密会谈的正是自己，自民党内"反佐藤运动"的浪潮也是方兴未艾。佐藤始终处于神经紧绷的状态，不宜再做"街头吵架"的姿态，转而与美国争论冲绳和纺织品是否真正属于"互助""双赢"。

然而，正所谓无风不起浪，流言一旦产生，越是否定就越让人怀疑。

更糟糕的是，由于佐藤与尼克松总统是秘密会谈，只有他们二人知晓会谈的内容，而且佐藤对冲绳志在必得，独断专行，所以如何回应尼克松对于纺织品问题的诉求，他似乎并没有和大平正芳通气。

因此，负责处理纺织品问题的通产省官员对两国高层的交易内容并不知情，只能连蒙带猜。在他们看来，如果唯唯诺诺地等着佐藤指示，只会遭到纺织业、党内反主流派以及在野党的批判。

于是，自大平正芳以下，通产省不为流言所动，不合情理的自愿出口限制自然也不被接受。换言之，他们从职业出发进行了判断，有礼有节地驳回美方的要求。反正，除非佐藤明确下令，否则绝不轻易采取妥协、配合的姿态。

即便如此，佐藤对纺织品问题的态度多少也会传到相关人员的耳中。问题在于，佐藤只表示"解决纺织品问题至关重要"，却不直说"配合美方的意图达成协议"。仔细想来，他应该也有难言之隐吧。

左右为难之下，结果只能对"绳"与"线"的"互助""双赢"全盘否定。"解决冲绳问题都是我的功劳，纺织品问题的妥协全是你的判断"，这样的罪名也无人敢背。

虽然有些事后诸葛亮，不过，既然"务必彻底解决冲绳问题"，佐藤应该从一开始就明确表态："如有必要，任何领域都可以协商。"解决冲绳问题是日本全体国民的夙愿，为此值得付出怎样的代价，这当然需要掌权者一锤定音。

不管怎么说，尼克松在冲绳问题上如此爽快，佐藤也要迅速给予回复。然而，佐藤的亲信却无人挺身而出去安抚纺织业和相关部门。由于佐藤与尼克松是秘密会谈，下属也是左右为难。如果轻易妥协，就会给党内的反佐藤派以可乘之机。而且，美国是按照既定方案展开谈判的，而对接的日本相关部门不明就里，表现得自然也不算配合。久而久之，美方的不满和不信任感就越积越多。

纺织品问题的谈判逐渐偏离设想，在华盛顿的日本报社对此发表评论："日美首脑会谈时明明同意协商解决问题，而日方却迟迟拿不出方案，实在令美方费解……与部署核武器的冲绳相比，纺织品的重要性相去甚远……成功解决冲绳问题的日本理当考虑美国的立场，不至于在纺织品问题上让美方空手而归。[43]"

然而，之后的谈判依然步履维艰。为了打破纺织品谈判的胶着状态，各方介入其中，努力协调，但是收效甚微。登场人物越来越多，两国纺织业的姿态也越来越强硬。美方率先披露"首脑会谈时双方对纺织品问题的秘密约定"，而佐藤对此矢口否认。按照尼克松的性格，佐藤的背叛行为理当"加倍奉还"。于是，在他的示意下，美国政府也逐渐强硬起来。

之后两国政府之间的龃龉暂且不表。日本在冲绳问题解决之后，为了解决纺织品问题，若泉敬不得不继续与美方秘密沟通，羞愧之情从其笔下可见一斑：

"1970年10月，佐藤首相与尼克松总统（第二次）会面……驻美大使牛场信彦与总统特别助理皮特·弗拉尼根关于纺织品问题先后谈判了9次，结果也是不了了之……谈判迟迟没有进展，彼此闹得很不愉快。其实早在1970年6月，通产大臣宫泽喜一与商务部部长斯坦斯的谈判就已彻底破裂。不久，牛场信彦和弗拉尼根的交涉也宣告失败。1971年3月，日本纺织产业联盟单方面提出《自愿出口限制宣言》，却被尼克松总统一口回绝……

"至1971年夏，尼克松总统依然没有放过'背信弃义'的佐藤首相，复仇之火越烧越旺，对日本的打击一浪高过一浪（美联储废除美元本位制、尼克松访华等）。而且，美国政府发出最后通牒：如果到1971年10月15日双方还不能就纺织品问题达成协议，则启动《与敌对国家贸易法案》(*Trading With the Enemy Act*)①。这与其说是政府决定，倒不如说是尼克松总统个人的意思……

"形势岌岌可危……于是，日本政府不顾业界的强烈反对，决定先斩后奏……

"全权负责谈判的是新任通产大臣田中角荣……在他的大胆提议下，全面接受美方一贯主张、达成政府间协议的方针就此确定。在期限的最后一天，即 10 月 15 日，田中与总统特使大卫·肯尼迪签订协议。之后，日本政府发布贸易管理令，'强制执行自愿出口限制'。这场纺织品战争直到最后关头才尘埃落定，可谓千钧一发……[44]"

虽然冲绳问题最终得以解决，但衍生的纺织品问题却反复拉锯，严重损伤了日美关系。

---

① 颁布于第一次世界大战中的 1917 年，规定美国总统有权调整与敌对国家之间的贸易关系。如今，只要美国总统认为符合美国国家利益，就有权宣布对其他国家实行经济封锁和贸易禁运。——译者注

02 日本钢铁自愿出口限制

主要国家之间如何分配权利与义务

日本钢铁行业的重建和复兴

众所周知，设备投资具有双重效果：既可以提高生产力、增加供给能力，又可以扩大需求。但是，供和求所需的时间长短各异，不同行业也存在差别。一般来说，前者耗时更久。因此，需求的增加会早于生产力的扩大。

问题正在于此：一旦供大于求成为常态，最终只能以削减供应的方式实现供需平衡。

20 世纪 60 年代末，面对美国这个主要钢铁市场，日本与欧洲各国反复协商，最后采取自愿出口限制的措施，原因正是如此——日本国内市场供给过剩导致大量出口，使得国家之间在进出口市场产生贸易摩擦。这一切的前因后果还要追溯到"二战"结束，当时日本为了振兴经济，大力发展钢铁行业。

不容否认，日本与欧洲各国围绕钢铁行业展开谈判，实施对美国的自愿出口限制，这与同时期日美纺织品之争具有本质的区别。

在"二战"之前，钢铁行业堪称日本国民经济的支柱，也是日本与欧美对抗的军事保证。钢铁被视为国力之源。1901 年，日本成立国有八幡造铁厂，拉开日本大办钢铁的序幕[1]。

起步之初产量平平。当时，日本以八幡造铁厂为核心，以生产粗钢为主，年产量不足 5 万吨。然而，"一战"之后，日本钢铁行业发展迅猛，1917 年产量已达 70 万吨，多半用于军事。随着"二战"愈演愈烈，年产量在 1943 年攀升至 765 万吨，达到巅峰[2]。

由于日本在"二战"中战败，美国为了防止日本重新发展军事力量，将钢铁产业的基础设施全部破坏。美国占领军最初把"防止日本重新威胁美国"作为终极目标，拒绝一切可能与军事相关的钢铁行业发展模式。

即便如此，由于国际形势的演变出乎美国的意料，日本钢铁行业依然得以重建。随着冷战加剧，美苏于全世界范围内展开霸权的争斗。在此意识形态之下，鉴于战争一触即发，美国对日本的印象大为改观。在亚洲，尤其是东亚和北亚地区，出于和苏联、中国对峙的需要，日本这个盟友的重要性日益突出。

根据 1948 年 10 月发布的美国国家安全委员会第 13 号指令（对日政策）："日本是美国的友好国家，全面支持日本经济和社会的发展……[3]"这标志着美国对日本的占领策略发生了根本性的改变。从此，"切断（日本）任何可能对美国造成的威胁"不再被提起，取而代之的是"帮助日本建设安定富强的国家"。正是基于这样的政策调整，"道奇路线"（Dodge Line）① 应运而生，为日本战后的崛起做出了巨大贡献。

---

① 道奇路线：1949 年 2 月，银行家约瑟夫·道奇应杜鲁门总统的请求担任经济财政顾问，指导对日本的经济新计划，实施"道奇路线"。其核心内容包括制定单一汇率（绑定美元）和实现预算平衡，促进日本经济自立和国际化，为日后的发展奠定了基础。——译者注

1950 年 6 月，朝鲜战争的爆发更加坚定了美国调整对日政策的决心。于是，1951 年 9 月，在旧金山召开的对日媾和会议上，两国达成共识：美国帮助日本重建钢铁行业，目标是 1954 年铣铁和粗钢的年产量均达到 550 万吨。

必须指出的是，这个目标产量是基于美军在朝鲜战场上的需要定的。日本钢铁市场由此重新起航，只不过从"二战"期间保障自身军事发展转变为满足美军的采购需求。

既然是美军需要，美国自然大力提供资金和技术，积极扶持日本钢铁行业的发展。而且，原材料也统一是美国的铁矿石。日本政府相继出台各类推动重油生产的政策，如低价采购煤炭、新建高炉等。

在重建理念的鼓舞之下，日本钢铁行业的基础设施得以完善，"倾斜式发展"的产业政策逐渐成形。鉴于日本资源匮乏，只能集中力量发展钢铁等支柱产业。因此，财政、金融、税赋、国家信用、技术研发等均向这些特定领域倾斜。而且，当时的日本政府上下一心、简洁高效，与如今烦冗、低效的组织结构形成了鲜明的对比。

"从废墟中崛起"的理念顺应民心，举国上下众志成城。战败使得原有的产业结构和壁垒被彻底打破，新的制度应运而生。因此，"倾斜式发展"的政策得到了大多数掌权者的支持，也成为全社会的共识。

培育钢铁行业和完善基础设施建设

为了深化钢铁行业的发展，从 1951 年发布的第一次《钢铁工业合理化计划》开始至 1955 年，日本政府积极推出各类扶持政策。

从外部环境来看，朝鲜战争带来的订单堪称日本发展钢铁行业的及时雨。但是，如今看来，20 世纪 50 年代初的"东风"是因美国采购而起，以至于大部分的投资流向压延加工环节，日本政府无力再对制钢和制铁领域加大投入。而且，这些为数不多的投资主要是日本凭借国家信用募集的。

具体来说，1951—1955 年日本筹措的设备投资总额为 1340 亿日元，其中 60 亿日元是政府吸收的外汇信托。除了这部分费用，剩余 1280 亿日元的 28% 来自国内金融机构的贷款，如政府、民间等[4]。可想而知，这部分贷款主要基于政府的强烈要求。不管怎样，在第一次《钢铁工业合理化计划》的四年里，资金基本来自国内，如库存、股份、公司债券、借款等。

外国资本的涌入始于 1955 年。第一笔是世界银行拨给八幡造铁厂的贷款。在 1956 年制订第二次《钢铁工业合理化计划》时（1956—

1960 年），世界银行、美国进出口银行和美国的民间金融机构等纷纷出现在投资方的名单中。

随着外国资金的投入，尤其是美国加大资金投入，先进设备、技术也被引入日本。生产要素日趋丰富，铣铁和钢材的生产能力得以提高，为打造钢铁行业的生产体系奠定了坚实的基础。

值得一提的是，第二次《钢铁工业合理化计划》期间筹集的资金总额为 5900 亿日元（国内外投资占比 12.3%），是第一期 1340 亿日元（国内外投资为 0）的 4 倍有余[5]。

需要说明的是，单凭对钢铁行业的投资不足以支撑整个生产体系的建立。首先，作为原料的铁矿石供应必须得到保证。其次，为了培育钢铁行业，配套设施也要相应完善，如原材料运输和产品运输、港湾建设等。基础设施建设的深化发展必不可少，投资领域也要大大拓宽。而且，完善基础设施建设并不局限于钢铁行业。**在第二次《钢铁工业合理化计划》期间，日本获得大量投资，得以全面建设整体基础设施。这极大地刺激了经济发展，也为 20 世纪 70 年代的腾飞打下了基础。**

在第二次《钢铁工业合理化计划》期间，铣铁生产在新建大型高炉和扩充既有高炉之间反复尝试，粗钢领域则呈现平炉大型化和引入 LD 转炉的新趋势。到计划期最后一年，即 1960 年，铣铁产量比 1955 年翻了一番，从 634 万吨增加至 1251 万吨；粗钢的生产能力也提高 1 倍多，每台炉的平均生产能力由 4.8 万吨提高至 10.2 万吨。

在第三次《钢铁工业合理化计划》期间（1961—1970 年，分为两个五年计划），钢铁行业成为名副其实的支柱产业，直接推动国民经济高速发展。

首先表现在铣铁生产全面实现使用大型化高炉。当然，这个趋势早已开始，只不过最初的规模只有 1000~1500 立方米。在第三次《钢铁工业合理化计划》期间，1500~2000 立方米的高炉容积成为主流[6]。值得一提的是，在第二个五年计划期（1965—1970 年），3000 立方米的高炉也已问世。

大型化带来产能的提高。1965 年，也就是两个五年计划的分水岭，日本的铣铁生产能力达到 2700 万吨，是 1960 年的 2 倍多。到 1970 年，产量攀升至 7655 万吨，是 1960 年的 6 倍多。相比之下，每台高炉平均生产 13.2 万吨粗钢，比 1960 年提高 30%，同样呈现大规模发展的态势。

在全体国民的支持和努力下，到第三次《钢铁工业合理化计划》期末，各钢铁企业的生产效率以及废铁碎钢的供应问题得到显著改善。在市场的优胜劣汰之下，LD 转炉逐步取代平炉。而且，引进 LD 转炉后生产水平提高，带动了高炉的大型化发展，铁矿石的需求明显提升，保障铁矿石和煤炭进口成为政府工作的重要目标。

因此，基于日本钢铁行业的产业模式，一方面需要保障原材料的海外供应；另一方面需要以钢铁产业为轴心，着手完善攸关国民经济全局的基础设施，最终打造沿海型一体化钢铁生产基地。

基于上述各项投资，日本的粗钢年产量狂飙突进。从 1951 年的 650 万吨起步，1961 年升至 2827 万吨，1970 年更是高达 9332 万吨。

出口主导型工业化模式

钢铁行业的出口竞争力直接决定了日本的工业化水平，但是提升出口竞争力本身也存在矛盾之处。

日本钢铁行业重建得益于第一次《钢铁工业合理化计划》。在该计划期的最后一年，即1955年，日本的粗钢产量达940万吨。其中，230万吨出口用于朝鲜战争，也就是说，日本国内的需求为710万吨。外部的特殊需求终究会呈下降趋势，日本粗钢的出口量也的确从1956年的162万吨降至1957年的126万吨。

尽管如此，日本的粗钢产量依然有增无减。1956年的产量达1111万吨，减去出口额后，日本国内需求为949万吨。1957年粗钢的年产量和国内消费量分别涨至1257万吨和1131万吨，可见本国的需求量年年攀升。对于这一时期日本的钢铁行业来说，在突破依赖海外订单的"瓶颈"之后转为满足国内需求，日本经济由此走上复兴之路。

然而，步入20世纪60年代后，形势发生了质的改变：钢铁的生产力超出国内需求。这便是开篇介绍的"投资的双重效果"。一方面，投资需求不断扩大；另一方面，作为投资的结果，生产力不断提高。需求扩大虽然是提高生产力的诱因，但是两者存在时间差，而且也未必是同比例或等量的增长。一般来说，需求的增长快过生产力，实际完成生产和供应需要一段时间。

掌握这个原理后，回顾日本钢铁产业的重建和繁荣，不难理解为什么自 20 世纪 60 年代中前期以来日本国内的需求时常跑在生产力的前面。

综上所述，为了完善攸关国民经济全局的基础设施，需要合理投资以更新设备和削减开支。虽然政府针对不同时期和阶段做出了调整，但从结果来看，设备投资的总金额依然极为庞大。于是，日本钢铁行业的生产力突飞猛进，且时常出现供大于求的情况。

而且，产业结构也随着这个过程逐渐清晰：在钢铁一体化建设的大浪淘沙中，具备大型高炉的厂商自然站在金字塔的顶端，居中的是拥有平炉和电炉的制造商，底层则以中小型零散加工企业为主。

这就意味着，处于优势地位的高炉厂商一旦抱团，便可轻松主导整个钢铁行业的话语权。因此，每每市场陷入低迷，几大厂商便会联手鼓吹对内减产、对外放任出口。换言之，把解决供给过剩的希望寄托于海外市场[7]。

由于政府的扶持，进口煤炭得以低廉的价格源源不断地涌入日本。造铁厂甄选原材料、生产优质产品再出口海外，这在一定程度上可以提升日本钢铁行业的国际竞争力。而且，与国际市场密切联系有助于引入新型设备，进一步提高生产力和国际竞争力。

当时还是美元本位①时期，国际收支存在上限，制约着日本国内经济的增长。"以邻为壑"②的出口政策虽然令人不齿，但是日本钢铁的出口可以拔高自身国际收支的上限，避免因启动"应变型"政策③而导致经济大起大落。

对内减产与对外争夺海外市场双管齐下，日本政府无法坐视不理。1966 年，经产业结构审议会议讨论，为了避免重工业出现设备过剩导致过度生产，引发产品价格低迷的恶性循环，决定控制钢铁企业的数量。

再次强调，由于政府扶持钢铁工业，这在一定程度上提升了日本钢铁行业的国际竞争力。

日本 1960 年的粗钢产量为 2214 万吨，1965 年翻倍至 4116 万吨。1970 年更是比 1965 年翻了 2.3 倍，达 9332 万吨。从出口量在总产量中的占比来看，最初只有 10%，1963 年升至 22% 左右。此后逐年浮动，基本在 24%~25%。

从国际贸易来看，出口钢铁的组织主要分为两类：一是几个钢铁大国；二是欧洲经济共同体（简称"欧共体"，是"欧盟"的前身）等区域贸易合作团体。

---

① 美元本位是布雷顿森林货币体系的双挂钩原则，使美元等同于黄金，充当黄金的代表或等价物。各国不能直接兑换黄金，只能通过美元间接地与黄金兑换，从而确定美元在国际货币制度中的中心地位。在这一制度下，资本主义世界各国都以美元代替黄金作为清偿对外贸易逆差和对外债务的主要国际支付手段。许多国家以美元作为主要的外汇储备，故被称为国际金汇兑本位制、美元本位制、黄金美元本位制。——译者注
② "以邻为壑"政策，即牺牲他国以保障本国经济的政策。举例来说，一国采取限制进口或者扩大出口的政策，对他国意味着输出的减少和进口的扩大，导致他国生产力和收入的下降。——译者注
③ "应变型"政策，即经济膨胀和紧缩交替运用的政策，表现为财政及金融等政策短期内频频更改，致使经济大起大落。——译者注

1968 年，除区域合作组织的内部交易部分，国际钢铁交易总量的 26.9% 由日本贡献。相比之下，欧共体和美国的出口量分别占比 43.7% 和 4.2%。[8] 其中，日本和欧共体的主要出口对象均是美国。换言之，作为世界第一经济大国，美国国内的钢铁市场逐步被日本和欧共体瓜分。

为什么美国的钢铁行业沦落至此？审视日美的发展环境，两国可谓存在天壤之别。

美国钢铁行业的兴起

美国钢铁行业的兴起源自工业革命以来欧洲发明的制铁技术。20 世纪初，该技术被引入美国。美国的钢铁生产，尤其是压延加工环节，最初集中于宾夕法尼亚州的匹兹堡一带。

当时，美国国内尚未发现储量丰富的铁矿石，因此主要依赖进口。凭借靠近港口和煤炭产地的有利位置，东部工业区成为美国钢铁行业的中心也在情理之中。于是，匹兹堡周边纷纷建起熔炉。1865 年，第一台贝塞麦转炉 ① 正式投产。1868 年，第一台平炉建成。

当时，美国刚刚走出南北战争（1861—1865 年）的分裂危机，正如火如荼地建设横贯东西大陆的铁路。压延钢材正是铁路建设所需。因此，以匹兹堡为中心，美国钢铁行业一飞冲天。从 1875 年起，相继发现铁矿石矿床的伊利湖、密歇根湖、匹兹堡等地成为发展钢铁行业的核心地带。五大湖区域成为原材料生产基地，钢铁企业如雨后春笋般

---

① 现代炼钢法最早起始于 1856 年英国人贝塞麦发明的酸性底吹转炉炼钢法，该方法首次解决了大规模生产液态钢的问题，奠定了近代炼钢工艺方法的基础。——译者注

兴起。

作为典型的重资产行业，生产钢铁需要庞大的设备投资，固定费用不容小觑。而且，需求市场的繁荣程度对利润具有重大影响。换言之，钢铁行业是长期投入，作用于市场需要一段时间。即便市场不景气，买家也能轻易购得钢材，导致需求骤减、生产设备的稼动率^①暴跌。初期就要投入大量资金的钢铁行业，抗风险能力其实极为薄弱。

那么，面对此种状况，应该如何应对？答案是"尽力稳定供应价格，把利润浮动降到最低"。名扬美国钢铁行业发展史的"匹兹堡基准价格制度"正是在此背景下诞生的。

具体来说，云集钢铁重镇匹兹堡的主要厂家联合确定产品售价得到业内多数企业的遵守，可防止钢铁价格一落千丈。从某种程度来说，这其实是结成价格卡特尔^②。在 1876 年试水线材取得成功后 ⁹，该价格管控手段得到广泛认可，并被用于其他产品。

但是，美国国内钢铁行业过度竞争、供给过剩的情况屡见不鲜。因此，"基准价格不再局限于个别产品，而要扩大到整个行业"的呼声逐渐高涨。于是，基于以下背景，1901 年美国钢铁公司成立。

首先，19 世纪 90 年代美国经济持续低迷，钢铁价格自然受到牵连。虽然大型企业试图维持价格稳定，但是部分不堪压力的中小企业纷纷脱离卡特尔，降低产品售价。

———

① 指设备实际产量与预计产量的比值。稼动率越高，生产效率越高。——译者注
② 卡特尔，经济学术语，指由一系列生产类似产品的独立企业构成的组织，目的是提高该类产品价格和控制其产量。根据美国反托拉斯法，卡特尔是非法的。垄断利益集团、垄断联盟、企业联合、同业联盟也称卡特尔，是垄断组织形式之一。——译者注

其次，1899—1900 年的经济回暖，虽然使得钢铁行业的压力得到缓解，但讽刺的是，同业竞争却愈演愈烈。归根结底，还是供大于求导致钢铁价格一跌再跌。

前期投入大量资金的投资者如鲠在喉，苦思对策。无论经济是否景气，必须遏制过度竞争和价格崩溃，并且要未雨绸缪、预先消除不稳定因素。打造行业龙头兼可以生产全系列产品的巨无霸企业，以此主导钢铁从生产到流通的各个环节，防止价格大起大落，正是美国钢铁公司的创办初衷。

金融巨鳄 J.P. 摩根公司首先收购卡内基钢铁公司，在此基础上兼并了芝加哥地区数家钢铁企业和贸易公司。初始投资便高达 14 亿美元，堪称划时代的大手笔。美国钢铁公司由此起步，产量一举达到全国总量的 65%，说它是全球最大的综合型钢铁生产企业也不为过。

20 世纪初，美国市场 45% 的铁矿石和 41% 的煤炭由美国钢铁公司主导交易。鉴于其强大的采购能力，钢铁行业的生产成本得以抑制，匹兹堡基准价格制度也得以广泛推行。美国钢铁公司整合自身产品的售价和送达消费地区的铁路运输费用，明确制定面向消费者的综合价格。换言之，各地区的行业售价得以确定。而且，各大钢铁企业的首脑不时聚在一起，在午餐和晚餐时商议价格[10]。对美国钢铁公司的董事长艾尔伯特·加里来说，主持此类宴会可谓家常便饭。

废除匹兹堡基准价格制度

在第一次世界大战前，匹兹堡基准价格制度可谓成效显著。

有必要再次强调的是，该制度旨在维持整个钢铁行业的价格，并且凭借美国钢铁公司的压倒性优势得以推行。如前文所述，产品的出厂价加上从厂区匹兹堡到消费地区的铁路运费即为最终售价，美国钢铁公司以自身产品的售价为整个行业树立了标杆。

但是，对于离匹兹堡较远的钢铁企业（假定为 A 公司）来说，如果买家就在附近，则行业基准价格未免有些偏高而不合情理。因为运费不必从匹兹堡起算，最终价格理应更低。其他钢铁企业无论位于何处，售价均与美国钢铁公司保持一致，使得 A 公司的地理优势荡然无存。

另外，买家如果位于匹兹堡邻近地区，按美国钢铁公司的标准，运费就会节省不少。但是，对天高路远的供应商 B 公司来说，运费应该按照从自己厂区到匹兹堡的路程来计算。基准价格的算法相当于自身承担部分运费[11]，自然会遭到 B 公司的强烈反对。

然而，由于无力抗衡，A、B 等公司只能唯美国钢铁公司马首是瞻。虽说是为了顾全大局、维持价格稳定，但其内心的不满和被牺牲的感觉可想而知。基于生产力过剩的现状，在他们看来，维持价格相对稳定的机制有失公平，真不如由市场自发选择而有所波动公平。

同时，买家的意见或许更大。尤其对采购钢材并加工成自身产品的人来说，这种价格机制在某种程度上给自己判了死刑。如果买家离匹兹堡远，又不能以就近采购的价格获得钢材，无疑会增加成本。

综上所述，无论是一家企业决定行业价格，还是基于地理位置区别对待消费者，美国钢铁公司奉行的匹兹堡基准价格制度都有违背反垄断法之嫌。

美国的反垄断法始于《谢尔曼反托拉斯法》（也称《谢尔曼法》）[12]。美国人民对于大型垄断组织素来反感，可以追溯到独立之初。19世纪中后期，随着美国产业发展不断深入，一些垄断企业在市场的浪潮中脱颖而出。正是基于这样的时代背景，《谢尔曼反托拉斯法》于1890年颁布，其核心理念在于禁止"一切限制交易的合约、联合和共谋"（第1条）以及"垄断和企图垄断的勾结"（第2条）。

正如文字所述，《谢尔曼反托拉斯法》的定义极为广泛和笼统，可以延伸到一切商业交易，过度保护反过来也会阻碍经济发展。因此，在实际运用中，法庭和联邦贸易委员会（简称FTC）并不拘泥于法律条文，而是以该行为是否限制竞争作为判断标准。如果确有阻碍，则被视为违法。

为了突出"反垄断"的核心思想，美国又于1914年推出《克莱顿反托拉斯法》[13]作为补充。《克莱顿反托拉斯法》为个人提起民事诉讼提供保护。基于垄断的性质和程度，原告有权要求被告做出3倍于实际损失的赔偿。而且，该法律禁止违反竞争原则的企业兼并，规定达到一定规模的企业并购必须事先取得政府相关部门的许可。

无论从哪一方面来看，扮演行业定价角色的美国钢铁公司都难以置身事外。事实上，1911 年和 1914 年，该公司两度被人以违反《谢尔曼反托拉斯法》为由起诉。为此，董事长加里不得不取消"与定价有关的宴会"。

1919 年，因为"匹兹堡基准价格存在区别对待现象，违背《克莱顿反托拉斯法》"，美国钢铁公司又被位于西部的买家告上法庭。

1924 年 7 月，联邦贸易委员会裁定：鉴于给其他地区的消费者带来损失，匹兹堡基准价格制度正式废除。同时，要求生产商向消费者列出价格明细，如铁路运费、工厂交付价格等[14]。

美国钢铁公司奉命整顿，并于 1924 年 7 月推出多项基准价格。美国钢铁公司和匹兹堡基准价格制度的垄断地位就此被打破，芝加哥、克利夫兰、布法罗等钢铁生产基地的定价也被引入，成为各自所在地区的基准价格。

虽然"从效果来看与原制度区别不大"的质疑不绝于耳[15]，但是联邦贸易委员会主导改革的初衷只是避免官司缠身，无意更进一步。而且，当时钢铁的产量远超需求，美国钢铁公司对价格的管控已是力不从心。即便推行多项基准价格，其他钢铁制造企业也未必遵从，实际作用微乎其微。

第一次世界大战导致钢铁供不应求

在多项基准价格日趋疲软、形同虚设之际，由于第一次世界大战爆发，过剩的钢铁产能终于找到出口，美国几大钢铁企业借机大发横财。

19 世纪 90 年代以来，美国超越英国和德国，成为世界最大的钢铁生产国。自 1910 年以后，钢铁产量已经远超国内需求。铁路、工程以及新兴汽车行业的繁荣刺激钢铁的需求，继而引起供应能力的急速增长。美国钢铁公司的成立和匹兹堡基准价格制度的全面推广都是明证。

基于投资的双重效果，供应能力的增长总是慢一拍，但第一次世界大战爆发使得过剩的供给得到消化。

1914 年，欧洲燃起战火，钢铁的需求急剧增加。至 1915 年下半年，全球钢铁普遍供给不足，被卷入战争的欧洲各国无力扩大生产，不得不向美国求助。于是，美国各钢铁企业争相加大投入，提高生产水平。而且，随着美国 1917 年参战，国内对钢铁的需求也大幅增长。美国国内军需用品供不应求，尤其是钢铁产品。

1916—1917 年，为了满足飞速增长的需求，美国新增大量钢铁生产设备。**必须指出，这些设备多半立足于陈旧的技术** [16]。可以说，这是基于非常时期的特殊手段，只为满足当前的利益。因此，这些落后的设备并不利于美国钢铁行业的长远发展，也为美国日后在与欧洲和日本的竞争中落败埋下了伏笔。

值得留意的是，美国钢铁行业在"一战"中的发展与美国钢铁公司关系不大。1914年，"一战"爆发时，美国钢铁的年产量为毛重4000万吨，其中约1900万吨来自美国钢铁公司（占比47.5%）。到"一战"结束，1918年，美国钢铁的生产能力提高了30%，达5255万吨。但是，美国钢铁公司的占比只有42.3%（2221万吨），与1914年相比跌落了不少。原因在于美国钢铁公司储备过剩，即便经历战争的巨大消耗，也不必积极投入生产。后起的钢铁生产商没有这样的烦恼，于是借此良机提升竞争力。

"一战"后，由于民间压抑的消费需求得到释放，以及欧洲重建基础设施的需要，美国钢铁行业在经历短暂的调整期后蒸蒸日上。然而好景不长，囊中羞涩且用光外汇储备的欧洲无力大办工厂，美国经济也因为联邦政府恢复金本位制①而陷入低迷。生产力迅猛增长，需求却急剧萎缩。

比较美国钢铁行业的实际用量与生产总量可以发现，供需之间的反差越拉越大：1918年的实际用量占生产总量的84.6%，1920年下滑到75.7%，1921年更是暴跌至34.5%。面临倒闭的钢铁企业为数不少，企

---

① 金本位制（Gold Standard），就是以黄金为本位币的货币制度。在金本位制下，每单位的货币价值等同于若干重量的黄金（货币含金量）。当不同国家使用金本位时，国家之间的汇率由它们各自货币的含金量之比——金平价来决定。金本位制于19世纪中期开始盛行。在历史上，曾有过三种形式的金本位制：金币、金块本位制、金汇兑本位制。其中金币本位制是最典型的形式，就狭义来说，金本位制即指该种货币制度。——译者注

业重组和行业整合势在必行。

如今看来，除了民间消费需求的释放，生产体系不健全和生产力遭遇"瓶颈"导致半成品价格上涨也是战后短期繁荣的原因之一[17]。半成品涨价固然有利于生产商创收，但是随着热潮退去，库存堆积，钢材整体降价，结果得不偿失。

面对行业巨变，美国第二大企业伯利恒钢铁公司[①]和第三大企业米德维尔钢铁公司公然掀起价格战，与美国钢铁公司保持价格稳定的策略背道而驰[18]。市场低迷时期，低价促销策略只会导致整个钢铁行业愈加萎靡不振。在经济跌到谷底的1921年，美国钢铁公司大幅下调匹兹堡基准价格，此举旨在寻求业界支持，结束价格战。

另一层面，几大公司为了走出困境，与美国钢铁公司分庭抗礼，他们暗中磋商，谋求联合的可能，美国钢铁行业整合初现端倪。美国钢铁公司对此表示欢迎。在他们看来，此举有利于维护业界稳定，也有利于推动多项基准价格制度的实施。而且，从此不再是一家独大的局面，自己也可以走出反垄断法的阴影。

这番企业联合对日后钢铁行业的发展影响深远。扬斯敦钢板钢管公司与伯利恒钢铁公司在其中扮演了重要角色，前者于1923年吞并两家小公司后迅速壮大，后者则在同年春收购直接竞争对手米德维尔钢铁公司。

随着企业规模不断扩大，伯利恒钢铁公司意识到保持价格稳定的重要性，此后始终与美国钢铁公司站在同一阵线[19]。

———

① 该公司已于2001年申请破产保护，2003年关闭，2007年被收购。——译者注

两次大战期间美国钢铁行业的主要动态

对美国钢铁行业来说，"一战"结束正是挺进欧洲的良机，几大公司信心满满、意气风发。然而，美国金融界却持反对意见，认为战后亟须重建的欧洲钢铁行业才更值得投资。由于美国钢铁行业与金融业的利益并不一致[20]，最后，欧洲钢铁行业得到美国的贷款，美国钢铁行业痛失打入欧洲市场的机会。

美国钢铁行业与金融业对开拓海外市场的迥异心态由此可见一斑。行业发展立足长远规划，金融资本追逐眼前利益，两者势必存在偏差，金融资本掣肘产业资本的结果也在情理之中。

值得一提的是，美国联邦政府对钢铁行业也抱有敌意。在 1932 年的大选中，赫伯特·胡佛因为经济大萧条的影响未能赢得连任，民主党候选人富兰克林·罗斯福上台。此后，政府将发挥支柱作用的钢铁公司视为垄断企业，逐渐加强管控。

1934 年，《互惠贸易法案》颁布，标志着美国从保护主义转向自由贸易。为了给贸易伙伴提供优惠，罗斯福大刀阔斧地将关税下调 50%，并且引入最惠国待遇等措施。战后重建的欧洲各国虽然尚未恢复元气，但在利好政策的鼓舞下积极出口钢铁，产品大量涌入美国市场。

出于对资本垄断的警惕，美国在"一战"前就已制定《韦伯－波莫雷内出口法》，严禁限制国内竞争，结成出口卡特尔[21]。美国钢铁行业正好符合该法律对垄断国内市场的界定。因此，当欧洲积极推动国际贸易协议时，美国业界起初无意参加。但是，如果坐视不理，廉价的欧洲产品极易进一步冲击美国市场，也会对美国钢铁行业开拓欧洲市场造成阻碍[22]。是签订国际贸易协议，在其框架下最大限度地维护本国利益，还是放任不管，默许廉价的欧洲产品充斥本国市场？这是摆在美国钢铁公司面前的一大难题。

另外，钢铁行业并非铁板一块，同行之间貌合神离、明争暗斗也显而易见。总之，美国钢铁行业的发展环境与日本截然相反。

1935 年，罗斯福政府颁布《国家劳动关系法案》（简称 NLRA）。这是历史上第一次为劳动纠纷立法，表明政府为工人提供强大保障的决心[23]。而且，该法案也为钢铁工人组建工会、维护自身权利点燃星星之火。

在此之前，劳动纠纷时有发生。20 世纪 20 年代初，在工人的不断抗争下，劳动时间从每天 12 小时缩减至 8 小时。作为代价，组建行业工会的计划只能搁置[24]。于是，钢铁行业兴起创办公司工会的热潮。

1935 年，该法案的问世再度激发工人成立行业工会的热情。1936年 6 月，在美国矿工联合会主席约翰·刘易斯的指导下，美国钢铁工人联合会（简称 USW）成立，钢铁工人总算拥有了自己的行业联盟。

1936 年前后，钢铁行业的大萧条有所缓解。国内市场重新渴求用于重工业生产的钢铁，欧洲市场也向美国钢铁公司抛来橄榄枝。德国自纳粹党执政以来不断扩充军备，周边国家心生警惕，自然也需要引进钢材，加强战备。

如此一来，美国钢铁公司更是进退两难。一方面，创办工会的热潮方兴未艾，不能放任自流；另一方面，海外需求急速扩张，机遇千载难逢。然而，钢铁企业始终打着各自的算盘。

就在此时，欧洲钢铁协会向美国钢铁公司和伯利恒钢铁公司发来邀请，提议组建国际卡特尔。如果美国两大钢铁巨头加盟，等于把美国钢铁行业卡特尔一并吸收，稳定国际钢铁价格也就大为轻松。为了拉拢美国钢铁企业，欧洲各国考虑减少向美国出口廉价产品。

1937 年 3 月，美国钢铁公司董事长迈伦·泰勒成功说服伯利恒钢铁公司的高层。虽然明知此举可能违反《韦伯－波莫雷内出口法》，但两家公司还是决定接受欧洲的邀请。

这无疑是一场豪赌。首先，欧洲钢铁行业不容小觑，美国几大钢铁公司的掌权者确实忌惮欧洲产品冲击本国市场。其次，随着欧洲的产业调整和需求上升，泰勒认为进军欧洲的时机已经成熟，成败在此一举，后方不容有失。因此，他进一步提议默许工会活动，以便积极承接欧洲的订单[25]。

但是，绝大多数企业对此并不认同。这些中小企业大多位于内陆地区，由于起步较晚，设备和技术都比美国钢铁公司先进。与沿海企业不同，他们并不担心欧洲产品在美国内陆地区的竞争力。加上从沿海城市送到内陆的高昂运费，欧洲产品的最终价格根本构不成威胁。出于对自身区域优势的信心，美国中小钢铁企业更在意的还是工会，他们绝不允许不受自己掌控的组织存在。

企业和政府各执一词

于是，美国钢铁公司站到了其他大中小企业的对立面。这场因为利益不一致而引发的内斗以美国钢铁公司落败而告终，欧洲钢铁行业也意识到自己高估了美国钢铁公司的行业影响力。

为了防止欧洲报复，在避免对欧出口激增的前提下，美国钢铁公司联合伯利恒钢铁公司把自身的出口份额转让给本国的中小企业，尽力保持对欧洲出口的稳定[26]。讽刺的是，此举又被政府视为对钢铁行业施压。

1937年下半年，美国经济再次陷入低迷。罗斯福政府不断释放信号，引导民众相信"经济低迷的罪魁祸首是昂贵的钢铁价格"。换言之，大型钢铁企业是垄断企业的代表，不符合民主党政府的执政理念。美国钢铁公司债台高筑，更是无力左右价格一跌再跌的局面。

一旦遭遇挫折，人们往往会失去继续挑战的斗志，企业大多也是如此。接二连三地遭受打击之后，美国钢铁公司再无强势干预行业的勇气和能力[27]。

随着"二战"爆发，时局出现了新的变化。欧洲的钢铁卡特尔因为战争而瓦解，罗斯福政府则以防御为名，要求美国钢铁行业加大投资、提高产量。不过，由于"一战"时期的惨痛教训刻骨铭心（投资设备及战后产量过剩，导致业界长期萎靡），几大钢铁公司不为所动[28]。

鉴于企业和政府对立，罗斯福政府承诺为新建工厂提供融资担保，或者由政府委托民营企业运营工厂，战后再以低廉的价格卖给钢铁公司。在政府的强力干预下，钢铁行业这才有所行动，达成一系列共识。但是，彼此的不信任感并未消除，反而更加强烈[29]。

"二战"结束后，罗斯福政府重提"充分就业"的口号（直接影响《1946年就业法》的颁布）。之后，质疑之声经久不息。在这个"以铁立国"的时代，不少人担心全民就业的发展模式会导致钢铁产品供应不足。换言之，围绕钢铁的未来需求，政府和企业再次意见相左。针对大萧条时期钢铁市场的萎靡，奉行罗斯福新政的政治家认为，这只是20世纪20年代经济增长的短暂波动，而钢铁行业的领军人物则担心这是钢铁需求结构长期衰减的开始。

罗斯福的继任者，同为民主党人的哈里·杜鲁门对钢铁行业的态度更为严厉。在踏入政坛前，杜鲁门在堪萨斯城经营一家小型服装店，由于经济危机，小店最终倒闭。基于这段经历，杜鲁门并不信任大公司，毕生都在为中小企业摇旗呐喊。于是，在"二战"结束时占到世界总量3/5的美国钢铁行业自然成为他的打压目标。

与"一战"结束后的时局相仿，"二战"结束后美国也曾经历短暂的迷茫。不过，随着全球经济复苏，美国钢铁行业也是一路高歌猛进。正如美国政府预见的那样，钢铁的供给能力显然不能满足需求。然而，几大钢铁企业却对投资新设备颇为谨慎。他们深谙投资的双重效果，认为眼前的价格攀升只是昙花一现，何况渐成气候的工会开始咄咄逼人。

对于延续新政并倡导"公平施政"（Fair Deal）的杜鲁门政府来说，钢铁行业的态度冷淡正是垄断的表现，矛盾由此加深。尽管彼此猜疑，钢铁的价格依然居高不下，导致中小型用钢企业苦不堪言。"伺机而动"是政治家的必备素养，杜鲁门和以民主党占多数的国会自然不会错失良机。他们打着保护中小企业、维持经济增长的旗号，对钢铁垄断企业（在政府看来大型钢铁企业均在此列）施以重拳。

"加大投资能否拉动整个行业的上涨？"企业和政府各执一词[30]。

在企业看来，阻碍投资的理由不胜枚举。比如，要提高钢铁生产能力就需要强化整个工艺，同时还要抑制昂贵的运费。此外，电气炉或平炉炼钢所需的原材料短缺，新技术研发、新建工厂的选址等也存在问题。要迎难而上、扩大投资，就不能计较眼前的得失。但是，从筹集资金、把握未来发展趋势的角度来说，大型企业明显信心不足，自然会慎之再慎。

杜鲁门政府及国会对此持截然相反的意见。他们认为，即便没有政府等外部支援，以当前钢铁行业可观的利益，企业也完全可以自主加大投资。

双方互不相让，而战后劳工运动的蓬勃发展进一步激化了企业和政府的矛盾。美国钢铁工人联合会自成立以来频频要求加薪，与企业势同水火，而政府往往偏袒前者。

钢铁企业屡屡被外界批评定价过高，但政府对劳工运动的推波助澜也是原因之一。而且，提高钢铁售价也是为了扩大收入以便追加投资，可政府还是横加干预、百般阻挠。在以美国钢铁公司为首的行业巨头看来，政府才是造成这一切的罪魁祸首。

从民主党到共和党的权力更迭

　　1950 年，朝鲜战争爆发，全球钢铁需求持续上涨。于是，美国政府再度担心钢铁供应不足。倘若钢铁果真短缺，谈何打赢战争？于是，杜鲁门政府一反常态，实施刺激钢铁生产的政策。例如，加速设备折旧，使用期从 20 年缩减到 5 年；为新建工厂提供低利率的贷款等。

　　与此前不同的是，一贯消极应付的美国钢铁公司率先响应，其他竞争对手赶忙跟进，建设新厂的浪潮由此兴起。

　　讽刺的是，直到这时企业和政府依然貌合神离。政府，尤其是军方，深信钢铁增产是打赢朝鲜战争的关键。而对企业来说，鉴于欧洲钢铁行业迅速复兴，借助利好政策提升美国钢铁的生产力和国际竞争力才是当务之急。

　　朝鲜战争带动的钢铁生产热潮也使得劳工运动再起波澜。呼吁大幅涨薪和引入新型工会制度的游行示威活动此起彼伏，令杜鲁门政府左右为难。钢铁工人联合会是民主党的强力支持者。但是，如果政府认同加薪的要求，企业势必会抬高钢材售价，造成战争期间的国防开支大幅增加。国防部部长曾对杜鲁门进言，无论如何都要避免这样的局面。假如杜鲁门拒绝钢铁涨价，企业自然会驳回工会涨薪的要求，于是罢工游行愈演愈烈，动荡的钢铁生产直接影响战争的结果。

无论如何，钢铁供应如有波动，于战局不利。美国钢铁生产的走势全球瞩目，而现实的发展也印证了国防部部长的担忧：美国钢铁企业拒绝政府提议的售价涨幅（企业要求每吨上涨 5.5 美元 ~6 美元，而政府物价局的建议是 4.5 美元），继而对工会态度强硬，导致大规模的罢工运动频频爆发。

为了避免钢铁生产停滞，两头受气的杜鲁门政府于 1952 年 4 月 8 日签发总统令，把钢铁行业纳入商务部部长的管理职责 [31]。然而，该总统令最终被最高法院裁决无效，罢工运动再起波澜。在国防部部长怒斥"钢铁行业的罢工比敌人最猛烈的空袭打击更大"之后，劳工运动总算有所缓和。毕竟，正值朝鲜战争的关键时期，保持国内稳定才是重中之重。

但是，杜鲁门政府无力管控钢铁行业、对劳工问题协调不力的短板暴露无遗。1952 年大选时，共和党候选人艾森豪威尔以此为武器，成功赢得总统的宝座。

钢铁企业早已厌倦民主党的指手画脚，自然对共和党政府表示欢迎。在 1953 年艾森豪威尔的总统就职典礼上，钢铁行业的代表一致为新政府大唱赞歌。

然而，艾森豪威尔对此并不领情。面对冷战格局，加强资本主义阵营的实力才是他眼中的头等大事。为了加快战后欧洲的重建，保持美国的经济霸主地位，艾森豪威尔推行自由贸易政策。从统筹经济全局的角度考虑，牺牲特定行业（如钢铁）的利益在所难免。在美国钢铁企业看来，艾森豪威尔此举无异于扶持欧洲钢铁行业，使之重新成为美国的对手。

平心而论，艾森豪威尔的政策存在矛盾之处。为了维持资本主义制度、增强盟国的经济实力，美国需要提供经济支持，维持并推动自由贸易的发展，必然无法对本国产业保护周全。作为当时国民经济的第一大产业，钢铁行业自然是决定美国国际竞争力的关键。尽管业界一再要求把保护钢铁行业纳入对外政策，然而，民主党政府和重视商业发展的共和党政府始终无动于衷。强势且垄断行业的标签深入人心，这也是大型钢铁企业的烦恼。

与此同时，欧洲钢铁行业的出口卡特尔再度形成。1952年9月，在朝鲜战争结束、钢铁需求暴跌之际，比利时、卢森堡、法国、德国、奥地利、荷兰的钢铁行业结成同盟。

虽然正值投资需求下降，该卡特尔的影响力短期内并未体现，但是，作为欧洲钢铁行业协调行动、联合出口的信号，美国钢铁企业自然不能等闲视之。然而美国政府不为所动，继续对垄断企业严加管制。美国钢铁行业也不敢贸然结成出口卡特尔。毕竟，身为政府的"眼中钉"，此举只会引火烧身。

在艾森豪威尔执政的两届任期内（1953—1961年），钢铁企业曾试图以提高售价获取资金，从而加大设备投资。但是，基于工人加薪的呼声日益高涨、政府对基础设施建设更为重视，业界的信心也被消磨殆尽。

既然钢铁提价得不到政府的支持，企业自然也不会答应给工人加薪，劳动纠纷与罢工运动屡禁不止。1959年，长达116天的钢铁工人大罢工堪称美国历史之最。鉴于前任杜鲁门协调不力，艾森豪威尔干脆躲在幕后 [32]，由副总统尼克松出面处理。

最终，美国钢铁行业的国际竞争力一落千丈。到 1955 年，美国已成为钢铁进口国。

回顾美国这一系列的改革——民主党政府以垄断企业待之，而共和党政府则认为本国钢铁产业天下第一，因此推行自由贸易政策——显而易见，无论民主党还是共和党掌权，美国钢铁行业都没有得到联邦政府的支持。

日美立场的变化

从罗斯福政府，到杜鲁门政府，美国钢铁企业始终与政府保持对立。自艾森豪威尔上台以后，企业试图修复关系，但正值冷战升级，政府以壮大资本主义阵营为先，保护本国钢铁行业的利益只能退居其次。

在美国钢铁企业看来，对内面对政府撑腰的工会，对外竞争也无法指望掌权的政府。在当时的美国，各利益集团之间毫无信任可言，反而时有冲突。在全球推广自由贸易的同时，并未把强化本国产业纳入国家发展战略，政府的方针也值得商榷。

耐人寻味的是，无论哪个党派掌权，政府对钢铁行业的态度都相差无几。不是认为"美国产业在全球具备十二分的竞争力，与其采取保护主义，倒不如审视这些企业的垄断性以及是否真正为国家带来利益"，就是认为"面对战后社会主义的兴起，如何壮大资本主义阵营才是当务之急"。

在研究美国的对日政策时，需要联系上述背景综合考虑。

1957 年 4 月，在记者发布会上，艾森豪威尔就日本与中国的贸易关系发表如下评论："美国始终希望与日本发展友好关系，尽管当前我国部分行业呼吁提高关税、控制进口比例，以此限制日本产品的进口……另一方面，我们也努力说服日本减少与邻国——中国的贸易往来……作为共同对抗'铁幕'①的友好国家，日本理应不会拒绝，否则就是背离我们所希望看到的方向……³³"言下之意，日本是资本主义阵营在亚洲的重要核心，应当与美国的利益及基本方针保持一致。

鉴于中国拥有丰富的铁矿石及煤炭资源，苏联也向日本大量出口这些物资，艾森豪威尔的发言也有要求日本断绝与社会主义阵营的联系，转为从美国进口原料、依附美国发展钢铁的意思。但是，美国的钢铁行业渐渐跟不上政府强势的外交政策。随着行业步入衰退期，加之进口钢铁侵占本国市场，美国钢铁行业已是力不从心。

自20世纪60年代以来，美国钢铁企业积极推动限制进口的运动，工会也转而支持企业。雇主与工人罕见地达成一致，频繁地提出各种政治要求。1967年，限制钢铁进口比例的法案被提交至国会。1968年，综合调整进口比例的法案也被提上议程。

这些法案最终都被否决，美国钢铁行业的下滑由此可见一斑。面对进口猛增的局面，保护主义重新抬头。钢铁企业频频向政府施压，甚至波及总统大选。1968年10月，共和党候选人尼克松表示："为了约束钢铁等产品的过度进口，临时性的立法理当予以支持。"

日美纺织品方面的协议、钢铁自愿出口限制，两者均被上升为政治问题，且都与尼克松有关，这绝非偶然。美国钢铁产业从"二战"结束

---

① 1946年3月5日，英国前首相温斯顿·丘吉尔在美国富尔顿城威斯敏斯特学院发表演说（俗称"铁幕演说"），其中用"铁幕"一词攻击苏联和东欧社会主义国家。此后，西方国家以"铁幕国家"作为对社会主义国家的蔑称。——译者注

初期的一骑绝尘逐渐滑落，加之老谋深算的政治家尼克松赢得大选，自愿限制钢铁出口逐渐演变为两国的政治问题。

当然，日美立场的变化主要基于两国发展钢铁行业的迥异环境。例如两国最新技术的研发、钢铁工人的薪资水平、政府对钢铁行业的支持力度、工厂的选址变化（美国钢铁主要产地从匹兹堡移到得克萨斯及太平洋沿岸，日本在环太平洋地区建立大型工厂）等。在诸多因素的影响下，美国钢铁的售价远高于日本。

值得一提的是，日方往往把此类事项视为经济问题，美国则作为政治问题来处理。经济问题只需找出原因，如果问题在于对方，要求对方落实即可；政治问题则需要付诸法律等政治手段，指明解决问题的方向。

日本战后的崛起符合冷战格局下壮大资本主义阵营的需要，自然受到美国的优待。尽管自身钢铁行业遭受冲击，美国政府依然不为所动，充分体现以政治为先的心态。可以说，日本的经济复兴也是得益于此。

加利福尼亚大学高级讲师保罗·蒂凡尼在著作《美国钢铁行业的衰落：管理、劳工和政府的错误》中写道："美国钢铁行业（当时）或许已经错失改革的良机……与1945—1965年的鼎盛时期相比，美国正在逐渐失去领先优势。"他进一步指出："这也说明，钢铁行业的主角没有吸取过去的经验教训，修正发展轨道。[34]"

日本释放信号

据传，曾经担任日本钢铁联盟（简称 JISF）主席的稻山嘉宽宣称，以"自愿限制钢铁出口"缓和贸易摩擦的建议来自日本[35]。既然如此，索性就引用其在《钢铁人生：我的钢铁昭和史》中的相关描述[36]：

"日本战后的钢铁出口相对较早……也是克服万难……虽然国内钢铁供应捉襟见肘，依然积极出口以换取重要的原材料，这也是基于外汇储备的需要……各钢铁企业（从 20 世纪 50 年代开始）全力以赴向美国出口钢铁……在此背景之下，1959 年 2 月，美国起诉日本倾销……

"……1959 年，受困于长达 116 天的罢工，美国钢铁行业的产量急剧萎缩，只能依赖进口……1965 年，美国再度爆发钢铁工人大罢工，需求迅速增长，进口量从上一年的 584 万吨猛增到 942 万吨……美国国内限制进口的呼声日益高涨，国会修正反倾销法并且颁布维护市场秩序的相关法案，如《购买美国产品法案》，对钢铁进口的调查也已经展开……1967 年年末，作为保护美元的措施之一，对进口产品开始征收附加税。自那以后，日美贸易摩擦成为常态……"

进口附加税的征税对象并不局限于钢铁，纺织品等也被网罗其中。迫于压力，日本政府于 1968 年 3 月派出由各行业代表组成的谈判团奔赴美国，稻山嘉宽也在其中。继续引用他的回忆如下：

"……抵达华盛顿后与美国众议院筹款委员会主席威尔伯·米尔斯见面。米尔斯直言美国业界对日本有颇多不满，自己无计可施……限制进口或（对日本）设置关税壁垒也不符合美国自由贸易的宗旨……我方认同美国的对外政策，也觉得不应该让美国为难。所以，我方认为，对钢铁采取自愿出口限制或许就是最好的办法……

"……米尔斯深以为然，并问是否可行。我说这是不得已而为之，而且最大的问题在于美国具有严格的反垄断法，严禁行业之间串联。米尔斯当即表示会做研究，应该可以不触犯法律……

"……在当天的晚宴上，负责对日事务的助理国务卿理查德·所罗门（后来担任财政部副部长，日本第二次实施自愿出口限制的美方责任人）把我请到一间小会议室……

"……'我从米尔斯主席那里得知稻山先生的提议，请问贵方当真愿意自愿限制出口？'……

"……'当然，确有此意。只是，如何规避反垄断法呢？如果我方直接与贵方钢铁行业接洽，必定遭到贵方国务院的阻拦。若能消除这个障碍，那就不算违法吧？'……

"……'或许如此。反垄断法一事就由我方考虑。不过，假如只有贵方采取自愿出口限制，实际影响或许有限。如果欧洲也能赞同贵方的想法'……

"……'正好我接下来就去欧洲，会与他们商量此事'……

"……恰巧国际钢铁协会（简称 IISI）[1]于欧洲成立不久，所以谈判团从华盛顿直接飞到罗马……与德意志制造联盟（简称 DWB）主席汉斯·索尔接洽，相信可以取得各国出席代表的同意……

"……最终，会上全票通过自愿出口限制的议题。虽然当时对外代表欧洲的是欧洲钢铁工业联盟主席雅克·费里，但实际大权在握的却是索尔……由于结果没有正式公布，毫不知情的日方在罗马致电新日本制铁公司董事齐藤英四郎，委托其在国内多加斡旋……

"……等到我们从欧洲回国，齐藤英四郎的运作已经初见成效，自愿出口限制基本得到各方认可。"

以上均是稻山嘉宽的一家之言。不过，由于此事涉及人员甚少，也没有官方资料的支持，真伪无从佐证。

耐人寻味的是，肩负同样使命的纺织业代表——旭化成董事长宫崎辉曾向稻山嘉宽的住处打去电话表示抗议："纺织业完全没有自愿限制出口的打算……万一被要求和钢铁一样，我们该怎么办？"

虽然同时陷入贸易战，但是纺织品和钢铁的命运显然不同。

不管怎样，1968 年 12 月，日本向美国国务卿腊斯克致函，单方面宣告对钢铁实施自愿出口限制。从 1969 年起，日本连续 3 年控制含特种钢在内的出口总量，且每年出口增幅不超过 5%。

根据稻山嘉宽的记载，面对日本和欧洲的单方面行为，美国众议院

---

① 2008 年更名为世界钢铁协会。——译者注

筹款委员会和美国参议院财政委员会于 1969 年 10 月发表联合声明："对日本和欧洲业界务实且有效的举措表示热烈欢迎。"美国国务院及国会议员纷纷在暗中推波助澜，而日本的政要同样扮演着幕后推手的角色。

一方面是齐心协力振兴经济的日本和欧洲钢铁行业；另一方面是在战争中独揽急剧增加的钢铁需求，在战后由于供给过剩而为业内利益分配苦恼，加之与工会和政府交恶的美国钢铁行业：彼此的境遇形成鲜明对比。正是基于这样的背景，日本和欧洲主动实施自愿出口限制。

从自愿出口限制转为"启动价格制"

1969—1971 年的自愿出口限制之后又被延长 3 年，即 1972—1974 年[37]。在 1971 年期满之时，众议院筹款委员会组织听证会。美国钢铁企业明确表示扩大生产的准备尚需时日，要得到国会的认可。于是，在美国政府的要求下，日本业界同意延长自愿出口限制。如此一来，原本自愿、自发的行为转变为日本无法驳回美国政府的申请，只能被动接受。

20 世纪 70 年代初，来自日本和欧洲的钢铁进口确实得到抑制。换言之，出于对美国钢铁生产的考虑，日欧的钢铁制造企业在斟酌之后主动减少出口，收到了预期的效果。

然而，从延期后的 1973 年起，虽然对美国的出口依然受到抑制，但是形势已经发生改变。伴随全球经济的回暖，钢铁需求再度迅猛增长。日本和欧洲转而重视本国市场，对美国的出口份额自然下降，也不必再加以限制。结果，美国市场出现钢铁短缺、产品价格节节攀升的局面，令美国业界大为头疼。此外，美国消费者协会以违反《谢尔曼反托拉斯法》为名起诉美国及日本、欧洲的钢铁企业。

对于 1969—1974 年日本和欧洲钢铁企业的自愿出口限制，美国学者总结如下：

第一，由于只对进口总量做出限制，日本和欧洲的企业纷纷舍弃廉价商品，主推高价产品出口美国，即以高附加价值角逐美国市场。

第二，不在自愿出口限制之列的其他发展中国家借机加大对美国的出口。尤其从 1973 年开始，美国国内供不应求，大量钢铁从不受限制的其他国家流入。

第三，美国业界对日本、欧洲是否严守出口限制百般挑剔和怀疑，趁着延长自愿出口限制的年限也在摸索别的手段。从某种意义上来说，这本是美国钢铁行业难得的"休战期"。但是，美国企业并没有抓紧机会实现产业的更新换代，而是关注如何延长当前风平浪静的时期。

综上所述，在自愿出口限制期满之后，美国钢铁行业的竞争力毫无提升。

为了继续享受行业保护，美国业界以协调劳务关系为名，将《1974年贸易改革法》利用到极致，频频以免责条款① 提起诉讼。

1975 年，世界经济再度衰退，日本和欧洲的钢铁企业忙于解决供给过剩的问题。以此为契机，欧洲各国着手调整面向欧洲市场的生产，同时管控价格和限制进口，引入钢铁行业重组和新型市场管理制度。结果，日本对欧洲的钢铁出口也遭到限制，于是日本企业呼吁加大对美国的出口。

日本和欧洲业界再度聚焦开放程度更高的美国市场，这对本就有意

① 根据第 201 条的规定，实施该条款不必证明不公平贸易做法的存在，因此又被称为免责条款、例外条款。——译者注

限制进口的美国市场无异于火上浇油。于是，要求日本、欧洲再次自愿限制出口的呼声一浪高过一浪。然而，民主党吉米·卡特政府不为所动，而是推出"启动价格制"（简称 TPM）。基于这个机制，以当时最具竞争力的日本进口产品推算成本，如果其他进口钢铁低于这个价格，美国政府有权立即展开反倾销调查，无须等待业界提起诉讼。

卡特此举在于先发制人，在呼吁对钢铁进口立法的热潮进一步高涨前，抢先提交国会通过该制度，从而有效抑制保护主义。另外，美国政府可以将限制进口的主动权掌握在自己手中，坚持关税及贸易总协定的基本原则。

因此，启动价格制立足于《1974 年贸易改革法》，面向全部钢铁出口国，致力于改善包括自愿出口限制在内的各类问题。对此，日本钢铁联盟的稻山嘉宽评价如下[38]：

> "如果对产品的原价一无所知，启动价格制也无从谈起……然而，原价属于商业机密，不可能向美国披露……因此，我方多次提议，希望只讨论数量……但是，美方咬着价格不放，声称数量限制属于反垄断法的范畴……
>
> "（时任）财政部副部长所罗门表示，'要求披露原价并非有意刁难日方，而是基于美国钢铁行业的危机意识，希望借此扭转颓势……不必具体提供某家企业的数值，只要行业的平均价格即可'……"

不管怎样，一番交涉之后，日本还是答应了美国的要求。

不过，无论是制定及实施该制度的政府，还是无奈遵守该制度的美国钢铁行业，彼此的想法其实存在天壤之别。对政府来说，该制度有利于财政部加快设备折旧、环境部放宽环保限制、商务部推出特殊贷款措施，主要还是为了刺激美国钢铁行业的复兴。但是，在美国钢铁企业看来，这只不过是基于市场需求而控制进口产品占比的手段之一。

此外，该制度还衍生出意想不到的"副作用"。

在日本制造精益求精的带动下，欧洲钢铁企业也以日本的产品价格作为对美国出口的基准价格。换言之，原本昂贵的欧洲进口钢铁现在与日本产品售价相同，远远达不到启动价格制的标准，自然也不能定义为倾销。于是，启动价格制虽然抑制日本钢铁的进口，却使得欧洲产品大量涌入美国。而且，一旦日元汇率走高，美元汇率的基准价格相应上涨，美国钢铁售价就会上浮十几个百分点。

在此背景之下，1982 年 1 月，美国 7 家钢铁企业累计提起诉讼 132 次。其中，38 次与反倾销有关，94 次涉及进口附加税。卡特政府迅速做出回应，于同年废除启动价格制。推出该制度的本意是避免企业基于《1974 年贸易改革法》起诉，既然如今反而被用于诉讼，自然再无存在的必要。

企业扭转颓势的难处

自从废除启动价格制之后，每当国际市场陷入低迷，美国企业便会要求国会和政府采取措施，保护本国市场。基于经济产业省（通产省）公布的资料，我从源头梳理了日美钢铁贸易问题的时代背景，主要概括如下：

1959 年　美国转变为钢铁进口国（之后恢复为出口国）

1969—1971 年　日本和欧洲对美国实施自愿出口限制（行业行为）

1972—1974 年　延长自愿出口限制（行业行为）

1976—1980 年　基于《1974 年贸易改革法》第 201 条，限制特种钢的进口

1978—1980 年　第一次启动价格制

1980—1982 年　第二次启动价格制

1982 年　美国 7 家钢铁企业对 9 类进口钢材提起反倾销或进口附加税相关诉讼，累计 132 次

1982—1985 年　日本对美国和欧洲均采取自愿出口限制

1983—1987 年　基于《1974 年贸易改革法》第 201 条，限制 5 类特种钢的进口

1984—1988 年　基于美国钢铁救济措施的第一次钢铁自愿限制协议（简称 VRA，由政府主导）

1987—1989 年　针对此前进口限制的 5 类特种钢，延长其中 3 类的期限

1989—1992 年　第二次钢铁自愿限制协议

1992 年　美国 12 家钢铁企业对厚板、薄板等 4 类钢材提起反倾销或进口附加税相关诉讼

2000 年　基于《1974 年贸易改革法》第 201 条限制钢铁线材的进口

此后美国也从未停止对日本的起诉……

一目了然，自愿出口限制最初只是各国的行业行为，也给美国钢铁行业以喘息之机。之后逐渐演变为政府之间的协定，而且美国已失扭转颓势的良机，只能降格为维持本国市场占有率的保障措施。

而且，自 20 世纪 90 年代以来，由政府主导，以重振美国钢铁行业为目标的救济措施越来越少。后来，救济方式也基本定型：个别企业或从业者对某次进口提起反倾销或进口附加税相关的诉讼，政府依照《1974 年贸易改革法》判定该海外企业的行为有失公平。此类措施均有相应的政策支持，结合时代背景，政治色彩可见一斑。

以 1984 年第一次钢铁自愿限制协议为例。美国钢铁企业和工会共同声讨海外厂商的不平等贸易行为，伯利恒钢铁公司与全美钢铁工人联

合会依照《1974 年贸易改革法》第 201 条提起诉讼。虽然上诉被驳回，但是罗纳德·里根政府却被打动，最终促成自愿出口限制的实现。

这场声势浩大的运动一开始就得到了钢铁企业所在地州政府及州议员的支持。鉴于大选在即，里根的竞选顾问判断"此事有助于连任"，建议政府全面推行。在詹姆斯·贝克、迈克尔·迪福、埃德温·米斯等里根的左膀右臂看来，总统选举的半数选票来自钢铁生产州，有必要释放积极的信号来拉拢人心。当然，这么做也与美国钢铁行业掀起的限制进口运动有关。

值得一提的是，在引入价格触发机制之初，美国钢铁行业就认真探索过复兴之路。但是，之后过度依赖保障措施。维护、确保美国市场成为主要目标，保护主义逐渐盛行。

身为重资产行业，加之投资的双重效果，钢铁行业的发展需要深谋远虑。然而，美国政府和工会对此浑然不觉，而且缺乏变通，不允许行业寡头的存在，这也是美国钢铁发展史的一大特色。

美国这个资本主义世界头号大国，一旦行业呈现衰退之势，资本积累便会越来越难。至于为什么大型钢铁企业没有把利润用于投资设备和新兴技术，前文已有介绍，在此不再赘述，谨引用经济学家沃尔特·亚当斯的评论作为结语：

"到 20 世纪 80 年代，美国钢铁行业寡头已是奄奄一息。自作自受导致遍体鳞伤，只能乞求政府救济，宛如固守传统又心如死灰的巨人[39]。"

03 日本汽车自愿出口限制

始于政治压力，终于政治压力

日本对美国出口汽车的沿革

日本汽车行业的起步基于军事需要。以丰田汽车公司为例，原本主营自动织机，1937 年转为生产汽车。当时，为了实现军用车辆由本国制造的目标，政府出台《汽车制造业法》，并将制造许可授予丰田和日产两家企业。

然而，与钢铁行业如出一辙，"二战"的惨败使得一切努力化为泡影。

战后，日本汽车行业的重建与经济振兴保持同步。与钢铁行业类似，日本汽车行业借朝鲜战争发展，在此不再赘述。1955 年，日本小型车辆的年产量达 13354 辆，位居世界第 11 位[1]。

排名第一的自然是美国，约 79 万辆，之后依次是英国（70 万辆）、联邦德国（64 万辆）、法国（56 万辆）、加拿大（37 万辆）。相比上述国家，日本 1 万多辆的年产量微不足道，实力相差悬殊。

虽然年产量不足 2 万辆，但是日系车当年已经开始出口美国，如丰田皇冠、日产达特桑。由此可见，政府以两家企业带动日本汽车行业发展的决心。值得一提的是，也是 1955 年，联邦德国主推大众，对美国出口 2.9 万辆，单出口量便是日本年产量的 2 倍有余。

在我看来，双方巨大的差距源自"二战"前发展重心的差异。当时，德国小型车辆的生产水平位居世界前列，日本则注重研发军用卡车。不过，步入 20 世纪 60 年代，高度繁荣的经济刺激日本汽车行业突飞猛进，1960 年、1965 年和 1970 年的产量分别是 16.5 万辆、69.6 万辆、317.9 万辆。

1963 年，连接名古屋和神户的名神高速开通。1964 年，在东京奥运会开幕前夕，首都高速一号线完工。此后，公路基础设施相继得到改善和提升。而且，越来越多的家庭拥有汽车，市场占比从 1960 年的不足 10% 飙升至 1965 年的 30%。媒体将此归功于道路建设等改革措施，大肆宣扬 1965 年是日本步入"私家车时代"的元年。

比较当年全球小型车辆的产量，美国依然高居首位，达到 934 万辆，其次是联邦德国（283 万辆）、英国（160 万辆）、法国（142 万辆）、意大利（110 万辆），日本以 70 万辆的成绩攀升至世界第六。而取代英国跃居亚军的联邦德国更是令人印象深刻。

从 20 世纪 60 年代中后期至 70 年代初，日本汽车行业实现"三个自由化"：轿车进口自由化（1965 年）、发动机进口自由化（1971 年）、投资自由化（1973 年）。基于三个自由化，汽车行业通过兼并重组等方式不断壮大规模、确保在日本市场的优势地位、确立量产体制、促进技术研发、削减成本等。精细分工的行业模式基本成型，丰田至今引以为豪的协作分包模式也在这个时期确定。

国家和地方自治团体也为日本汽车行业的集约型发展注入强心

剂。例如，完善配套基础设施建设、出台法律法规（如《机械工业振兴临时措施法》）、廉价出租工厂用地（由地方自治团体牵头）和免除税费等。必须指出的是，以上利好政策的成功实施都基于日本中产阶级的茁壮成长。正是中产阶级拉动了国内需求的增长，推动了国内市场的扩张，日本汽车行业才能稳扎稳打继而一鼓作气挺进国际市场。

结果，日本小型车辆的出口量自 1965 年以来节节攀升，生产量也于 1967 年超越联邦德国，仅次于美国。从 1968 年开始，日本汽车的全球出口总量逐渐超过美国。不过，当时美国企业倾向于在海外市场就近成立生产基地，单纯比较出口量或许不足以反映两国的真实水平。

不管怎样，1970 年，美国（828 万辆）、日本（529 万辆）、德国（384 万辆）三足鼎立的局面显而易见，也为 20 世纪 70 年代汽车行业的贸易战埋下了种子。

与美国巧用海外工厂的全球扩张模式不同，日本出口的汽车绝大多数产自本土。而且，大型车辆才是美国市场的销售主力，作为备选的小型车辆还需要从美国企业的海外工厂进口。总之，大型车辆在美国更受欢迎。20 世纪 70 年代中后期，在第二次石油危机的冲击下，美国对小型车辆的进口需求开始上升。由于此前主要采购海外分公司的产品，面对日系车的大量涌入，美国本土企业难免措手不及。

另外，大型车辆的高利润是导致美国企业行动迟缓的原因之一。总部往往注重回报更高的车型，对各款车辆采取不同的生产和销售模式，海外业务则全权委托当地分公司。这种分工制度堪称美国大型汽车公司的特色，也是阻碍其及时应对变化的致命弱点。

于是，业务模式和企业文化与美国截然不同的日本汽车制造商强势入主美国，抢占市场份额。随着 20 世纪 70 年代后期事态不断升级，在美国企业看来，挑起贸易争端的恐怕是日方吧。

美国汽车三巨头

19 世纪 90 年代，数位创业者登上历史舞台，拉开美国发展汽车行业的序幕。西部拓荒时代用来运输货物的马车堪称这类新型陆路交通的先驱。

作为最初的动力之源，蒸气、蓄电池、燃油发动机等先后用于试验。然而，燃油发动机和蒸汽机极易制造噪声等公害，而且动力输出不够稳定，尤其是启动的时候。因此，电动车格外吸引眼球。而如今再度经历电动车研发热潮，我们也能深刻体会到技术革新的奇妙之处。

不过，百花齐放的状态仅仅维持了 10 年左右。由于启用电子点火系统，自 1911 年问世以来问题不断的燃油发动机发生了根本性的变革。从此，装备燃油发动机的汽车变得最容易启动，生产成本也最低。

虽然约翰·兰伯特于 1891 年最早将燃油发动机用于汽车，但是真正实现量产的却是亨利·福特。福特于 1896 年开始研制汽车，1903 年正式创业。1908 年，鼎鼎有名的福特 T 型车问世，并于 1913 年实现流水线组装。

福特 T 型车大量涌入市场，成本迅速降低。最初，每辆售价 850 美元，至 1924 年只需 290 美元，价格下降自然带动购买群体增多。而且，福特汽车公司引入革命性的量产模式，瞬间拉开与竞争对手的差距，一举奠定美国汽车行业龙头企业的地位。此外，福特汽车公司最早涉足海外（1911 年打入英国，1915 年于澳大利亚和德国建立生产基地），最先确立在当地生产的海外经营战略，为美国企业走向全球树立了典范。

或许是因为迷信 T 型车的成功经验，福特汽车公司此后的产品车型普遍方正，难以跳出厢式汽车身的设计。结果，以车身庞大、款式多样为卖点的竞争对手——通用汽车公司和克莱斯勒汽车公司逐渐占据上风。

威廉·杜兰特于 1908 年创立通用汽车公司，在吞并奥兹莫比尔（Oldsmobile）、庞蒂克（Pontiac）、凯迪拉克（Cadillac）等同行后成为大型汽车制造商。可以说，美国汽车行业的发展史就是不断收购同业对手的过程。

作为通用汽车公司的创始人，杜兰特的经历充满传奇色彩。1904年，杜兰特以收购的别克（Buick）轿车为基础成立通用汽车公司，此后不断收购其他竞争对手，甚至连福特汽车公司一度也被列为收购对象（但是被亨利·福特拒绝了）。

尽管把企业办得有声有色，但杜兰特却被逐出了通用汽车公司。1910 年，由于扩张过快导致负债累累，在融资集团的质疑之下，杜兰特无奈辞职。然而，是金子总会发光。1913 年，杜兰特与路易斯·雪佛兰联合创办雪佛兰汽车公司，迅速取得成功。

此后，杜兰特通过雪佛兰汽车公司买入通用汽车公司的股票，至1915 年已掌握通用汽车半数以上的股份，实现从被迫离职到东山再起的完美复仇。1917年，雪佛兰汽车被转让给通用汽车，杜兰特借此重新成为通用汽车公司的掌门人。

通过这段经历，杜兰特锲而不舍、快意恩仇的个性可见一斑。不过，他雷厉风行的强硬手段难免遭人嫉恨。1921年，杜兰特再次被通用汽车公司排挤出权力核心，人生可谓大起大落。只不过，这一回他未能卷土重来。

通用汽车公司在传奇企业家阿尔弗雷德·斯隆出任总裁之后重振雄风。斯隆将战略目标各异的部门进行重组，并引入独立核算制度。此外，通用汽车公司实施定期转换车型制度，立足市场需求研发新车或以新颖车型吸引客户。在对公司的组织机构做出调整之后，整体协作变得更高效、顺畅。此外，通用汽车公司还拓展新型业务，成立金融子公司，为客户提供贷款。

在积极管控之下，通用汽车公司迅速超越福特汽车公司，成为美国最大的汽车制造商。参考福特汽车公司的成功案例，通用汽车公司积极开拓海外业务，于1925年和1929年分别收购英国和德国的汽车生产企业。

20世纪20年代，福特汽车公司和通用汽车公司明争暗斗，积极收购欧洲汽车制造商，美国汽车行业开拓海外市场的业务模式由此确立。

克莱斯勒汽车公司的创始人沃尔特·克莱斯勒曾是通用汽车公司的高管，他于1920年离开通用汽车公司，受聘于经营濒临破产的马克斯威尔－查默斯（Maxwell-Chalmers）汽车公司。在成功渡过难关之后，他收购该公司并将其改名为"克莱斯勒"。1927年，克莱斯勒把掌握优质工厂和销售渠道的道奇汽车公司纳入旗下，并借鉴通用汽车公司实施机构改革，从而超越福特汽车公司，成为美国第二大汽车制造商。

这三家企业能够脱颖而出，也是经济大萧条所致。在有史以来市场需求降至最低的恐慌之下，行业之间的弱肉强食变得更为残酷。好不容易盼到触底反弹，伤痕累累的汽车行业只有 8 家企业硕果仅存。三巨头作为行业翘楚自不必说，而其他企业有一大半在 20 世纪 50 年代陷入经营不善的绝境，最终退出历史舞台。

另外，"二战"也为三巨头带来巨大的商机。美国政府不惜投入重金，积极动员汽车制造商生产军用卡车、坦克、飞机等，这无疑是汽车行业深化发展的天赐良机。而且，跨领域生产使得汽车制造商有机会接触新型技术，并且最大限度地将其用于汽车研发[2]。

"二战"后的美国经济与汽车行业

"二战"结束后，因为欧洲饱受战火的创伤，日本陷于战败的深渊，美国在世界经济格局中可谓一骑绝尘。具体表现为，在 1945 年的全球国民生产总值（GNP）中，美国占据大约半数。由于在战争期间积攒大量的消费需求，国民积蓄颇丰，而且购买力过剩，所以，只需星星之火，瞬间就可引爆潜力巨大的国内市场。

外部没有强力的竞争对手，内部中产阶级兴起，需求持续增长，整个社会呈现欣欣向荣之势，越来越多的国民实现买房置地的"美国梦"。人均购房率从 1945 年的 40% 到 1960 年的 60%，直至 70 年代突破 70%[3]，可谓节节攀升。与此同时，每户家庭平均拥有 1 辆汽车，追求高档车的群体也在不断扩大，拥有 2 辆甚至 3 辆汽车的家庭越来越多。

随着汽车走进千家万户，人们逐渐对产品提出更高的要求，款式、色彩、时尚性等成为决定销量的重要因素。于是，克莱斯勒公司 1957 年推出的"帝王"（Imperial）和通用汽车公司 1959 年主打的凯迪拉克"黄金帝国"（Cadillac Eldorado）红极一时。此外，运动型汽车也开始走进消费者的视野。

汽车市场的红火促使美国政府加快州际高速公路系统的建设。1916年，政府颁布《联邦公路援助法案》，并且拨款 7500 万美元启动该工程。此后，类似的法律法规不断问世，高速公路系统得以迅速扩张。

"二战"结束后，美国政府始终重视完善公路基础设施建设。从 20 世纪 50 年代中后期开始，越来越多的国民从城市移居到农村。为了响应民众需求，政府进一步加大公路建设的力度。

步入 20 世纪 60 年代，从城市到农村的人口流动趋势更为明显。至 70 年代，新增人口 70% 分布在农村。如此一来，汽车日益成为日常生活中必不可少的交通工具。

于是，连三巨头也不得不对小型车辆的市场稍加重视。不过，小型车的利润不如大型车，因此投入终究有限。而且，与日系或德系进口车相比，美系小型车辆从设计到加工都略显粗糙。对美国汽车制造商来说，小型车辆领域既是鸡肋，也是软肋，本想"略加改善"，结果越改越差，以致名誉扫地，想来也是讽刺。更令他们哭笑不得的是，随着越来越多的小型车辆涌入市场，原本青睐大型车的客户也转而购买小型车。

所以，在三巨头看来，与其费力地进口小型车，不如力捧利润更高的大型车。结果，在 20 世纪 60 年代，美国汽车制造商彻底放弃小型车辆的研发，销售重心再度向大型车倾斜。在此期间，石油价格保持相对低位，无论制造商还是消费者都不必担心油耗问题，大型车自然成为首选。

另外，以拉尔夫·纳德为旗手的消费者维权运动和环保运动都把矛头对准了汽车行业。政府出台了一系列安全法规，要求汽车制造商义务安装安全带等防护装置，同时对于含铅汽油的使用和尾气排放也做出严格规定。受诸多政策的影响，无论大型车还是小型车，售价均被拉高。不过，汽油价格保持稳定，油耗不足为虑。加之大型车可观的利润，汽车制造商更加注重生产大型车，三巨头也不例外。

综上所述，20世纪60年代是美国引领全球经济的黄金时期，虽然政府有所干预，但中产阶级的壮大带动了汽车的热销。而且，石油输出国组织尚未成立，油价保持相对较低水平。基于美国经济高速发展、消费群体不断扩大，尽管问题堆积如山，美国汽车行业依然高歌猛进[4]。

然而，迈入20世纪70年代，形势急转直下。为了抑制通货膨胀，共和党尼克松政府实施"价格管制"，经济结构开始发生变化。在汽车市场，高昂的车贷利息限制需求增长，消费者转而选择价格低廉的产品。因此，以小型车为主的进口车重新受宠。

在此期间还爆发了两次石油危机。主要产油国结成石油出口卡特尔，于1973年和1978年分别抬高石油价格。发达国家油价暴涨，美国消费市场由此坚定首选小型车辆的决心，丰田、日产、本田等日系小型车辆趁机抢占市场。根据日本汽车工业协会统计，从20世纪70年代至80年代，美国、日本、联邦德国、法国的汽车产量从2016.5万辆增至2630.9万辆，涨幅达30%。横向比较美国（828.4万辆→801万辆）、日本（528.9万辆→1104.3万辆）、联邦德国（384.2万辆→387.8万辆）、法国（275万辆→337.8万辆）[5]，显而易见，这是日本汽车行业狂飙突进的十年。

再从这十年间四国总产量的占比变化分析，美国（41%→30%）、日本（26%→42%）、联邦德国（19%→15%）、法国（14%→13%）[6]，主要表现为日本汽车吞食美国市场。而美国本土制造商的份额显然也有部分被日本厂商侵占。

20 世纪 80 年代，日美贸易摩擦不断，美国国内"在日本市场击败日本车"的口号颇为流行。结合 70 年代日本汽车风头正劲、美国汽车制造商怨声载道的背景，个中缘由不难理解。作为参考，在此列举日本对美国出口汽车的数据（见表 3-1）[7]。

表 3-1　日本出口汽车的数量

	1970 年	1975 年	1980 年
出口总量	108.7 万辆	267.7 万辆	596.7 万辆
对美国的出口量	42.2 万辆	92 万辆	236 万辆
出口总量占比	20.5%	38.6%	54.0%

日美的钢铁贸易战和汽车贸易战

随着国外车辆进口量猛增，尤其是日系车，美国汽车行业呼吁采取限制进口的措施。不过，这个过程与钢铁行业的压力升级明显有别，这也是由行业结构、特性、时机等差异所致。例如，汽车行业至今仍以企业对用户（B2C）模式为主，每笔业务都是一事一议。具体表现为汽车企业通过金融子公司向顾客提供车贷，按照车检制度完成交付，并且提供售后服务。

钢铁行业曾被誉为国民经济的"食粮"，其行业特质是将货物转卖给其他供应商，因此属于典型的企业对企业（B2B）模式。基于历史原因，美国钢铁和汽车的产业结构有所区别。由于投资具有双重效果，导致生产过剩、价格竞争激烈，钢铁企业大多为过度竞争所苦。此外，企业并不直接面对消费者也是钢铁行业的特色，政府往往袒护消费者，以反垄断之名打压钢铁企业。

经历经济大萧条的优胜劣汰，美国汽车行业形成以三巨头引领发展的局面。从行业整合的角度来看，钢铁行业堪称反面教材，汽车行业明显更优。

值得一提的是，汽车行业是典型的加工产业，通过组装零配件完成车辆的生产。钢铁行业依托大型设备，以煤炭或铁矿石为原料冶炼钢铁产品。相比之下，汽车行业无疑具有更长的供应链，涉及更多的利益集团。20 世纪 60 年代中后期，面对美国钢铁行业的难处，日本钢铁企业实施自愿出口限制。而在 70 年代中后期，鉴于自身复杂的供应关系，日本汽车企业对美国调整投资方向的要求置之不理，或者说无法回应。两大行业明显存在区别。

此外，钢铁贸易战在 20 世纪 60 年代中后期上升为政治焦点，而汽车贸易战在 70 年代趋于白热化。两者基于《互惠贸易法案》的解决途径截然不同，值得留意。

以 1934 年《互惠贸易法案》的问世为分水岭，美国从此高举自由贸易的大旗。在罗斯福的授意下，国务卿科德尔·赫尔主导起草该法案，旨在废除对进口产品的限制、消除区别对待和单独约定的现象，确立平等互惠的世界贸易体系，调整居高不下的关税[8]。

美国自"一战"以后成为世界经济霸主，此时倡导全球开展自由贸易，反映出美国开始审视自身的定位。既然经济实力无可比拟，就要打破贸易壁垒，建立自由贸易的国际新秩序，这才符合美国的利益。

《互惠贸易法案》此后延期 11 次，最终演变为自由主义色彩更浓的《1962 年贸易扩展法》。顾名思义，《1962 年贸易扩展法》是为关税及贸易总协定的"多边关税减免"谈判,即"肯尼迪回合"[①]铺路,总统由此获得同外国谈判、签订贸易协议的大权。

如此标榜自由主义,可见美国毫不畏惧全球竞争,坚信只有推动自由贸易才是维护国家利益所需。然而,实际执行未必如此坚决。在20世纪70年代初遭遇通货膨胀和高失业率时甚至有所退缩,更何况1973年面临第一次石油危机。此前为自由贸易摇旗呐喊的联盟,如工会、农民、中小企业、消费者等,顿时分崩离析,工会率先退出;之后,由于农产品进口数量大增,农民也萌生去意。如此一来,尽管美国对外依然鼓吹自由贸易,但是国内各利益集团的合作开始出现裂痕。

正是基于上述背景,《1962年贸易扩展法》最终被《1974年贸易改革法》取代。结合当时形势,新法案保留部分带有贸易保护色彩的条款。以第301条为例:一旦外国的做法不利于美国公平竞争,总统可以与该国交涉,要求整改。如果最终未能达成协议,总统有权采取报复措施。

不过,相比之下,第201条紧急限制进口的条款更加耐人寻味。第201条又被称为"保障措施"(属于免责条款)。基于该项内容,美国国际贸易委员会有权按照当事人的申请,对进口至美国的产品进行全球保障措施调查,判断产品进口增加是否会对美国国内产业造成严重损害或威胁,并在120天内做出裁定。如果裁定确有影响,需自受理之日起

---

① 在获得《1962年贸易扩展法》授权后,肯尼迪向西欧6国以及参加关税及贸易总协定的其他国家举行关于削弱关税的谈判。这次谈判从1964年5月开始到1967年6月结束,史称"肯尼迪回合"。主要取得两项成果:(1)对大约6万种工业品的关税平均削减35%,削减分5期进行,到1972年1月1日完成;(2)通过一项反倾销法规,并承认给予发展中国家的关税减让不要求取得互惠减让。"肯尼迪回合"于1976年6月30日正式结束。——译者注

180 天内向总统提出建议。总统在收到报告后 60 天内做出最终决定（征税、减税、调整税率、调整进口比例、与外国协商限制进口的协议、援助措施等），倘若决定不采取上述措施，需向国会说明。假如国会两院的反对票超过 2/3，则驳回总统的决定，而且总统需于 30 天内执行国际贸易委员会提议的措施。

根据第 201 条的规定，有权向国际贸易委员会上诉的原告包括：众议院筹款委员会、参议院财政委员会、贸易代表办公室、业界团体、企业、包括工会在内的行业代表等。换言之，民间人士也能发起进口限制。

而且，一旦贸易委员会接到诉状，相关调查便会自动触发，裁定的结果极有可能造成事态升级，甚至上升为政治问题。20 世纪 70 年代中后期至 80 年代初的汽车自愿出口限制便是证明。

限制日系车进口的压力升级

步入 20 世纪 70 年代，美国汽车三巨头的市场份额逐渐被日本汽车制造商大肆侵吞，主要原因如下：

首先，质量问题频发，企业形象受损。以福特汽车公司为例，明知旗下福特斑马（Pinto）系列的油箱存在缺陷，追尾时极易引起爆炸，但是公司知情不报，一拖再拖。最终真相大白，福特汽车公司被罚巨额赔款，企业形象一落千丈[1]。几乎同时，通用汽车公司和克莱斯勒公司也被曝出质量问题。三巨头相继马失前蹄，连累整个美国汽车行业名誉扫地。

其次，1973 年和 1979 年的两次石油危机造成油价暴涨，消费者日益重视油耗问题，市场需求从大型车迅速转到小型车。然而，三巨头对此缺乏警觉，使得以制造小型车辆见长的日本厂商轻松抢占美国市场。

---

[1] 斑马系列是福特于 20 世纪 70 年代出产的一种小型车，因为售价低廉而大受欢迎。该款车的油箱位于后轴和后保险杠之间，缺乏缓冲空间，在碰撞中极易因燃料泄漏而爆炸。设计师与管理者意识到油箱设计存在安全隐患，但是根据成本效益分析，增加保护装置的成本远大于可能造成事故的赔偿，所以公司决定不召回斑马系列，这就是臭名昭著的"福特斑马公案"。此后福特在 1978 年召回 150 万辆斑马，但声誉已经无法挽回。斑马系列于 1981 年彻底退出市场。——译者注

最后，三巨头的管理水平和抗压能力参差不齐。克莱斯勒公司最先败下阵来，通用汽车公司和福特汽车公司也是咬牙硬撑。总之，面对日系车的进口洪流，三巨头鲜有联手御敌的表现。

20 世纪 70 年代中期，就在三巨头阵脚大乱、步调不一之时，全美汽车工人联合会率先反击 [9]。遭受重创的三巨头被迫精减人员，大批汽车工人被迫下岗，工会自然不能无动于衷。

如今看来，工会提出的要求可谓合情合理：秉承自由贸易的原则，日本汽车制造商应当坚持在当地生产、雇用美国工人 [10]。然而，日本厂商对此颇有顾虑。日系车的生产体系极为特殊，与本国零部件厂商的分工合作正是产品的优势所在。如果把工厂搬到美国，竞争力就会大打折扣。

更何况，日本还面临出口难以更进一步的烦恼。1977 年日本对美国的汽车出口量为 187 万辆，1978 年则是 184 万辆，原地踏步的原因在于日元汇率走高。不过，伊朗 1979 年革命以及第二次石油危机的爆发使得日元汇率迅速跌落，日系车恢复在美国市场的价格优势。

另外，由于进口小型车辆持续冲击美国市场，日方却迟迟没有整改，工会的态度逐渐趋于强硬。

1979 年，三巨头之一的克莱斯勒公司陷入巨大危机。由于在第一次石油危机时对小型车辆的研发落后，公司从 1978 年开始出现赤字。1979 年的第二次石油危机令公司再遭重创，赤字大幅增加。虽然政府提供总额 15 亿美元的融资担保，但是收效甚微，赤字进一步扩大，净利润赤字从 1979 年约 11 亿美元扩大至 1980 年约 17 亿美元。

伊朗 1979 年革命导致原油供应骤减，加上第二次石油危机的影响，通货膨胀水平居高不下。随着财政紧缩和高利率愈演愈烈，失业率也在急剧上升。

在一系列连锁反应之下，美国国内的汽车市场持续低迷，消费倾向迅速从大型车转到小型车。昂贵且高油耗的大型车受到冷落，廉价且低油耗的小型车迅速成为需求的主力，对此准备不足的三巨头纷纷陷入经营不善的困境[11]。

比较 1979 年和 1980 年的销量，三巨头均有不同程度的下降：通用汽车公司从 618 万辆降至 498 万辆，福特汽车公司从 323 万辆减到 223 万辆，克莱斯勒公司从 130 万辆跌到 88 万辆[12]。

在 1980 年美国总统大选前，汽车行业问题已是热点议题，同时也开始上升为政治问题，业界的主张趋于激进。强硬派认为，即便日本维持大力出口的现状，美国也有必要调整小型车辆的进口比例。更有甚者，他们向国会提交了抵制日货的法案。

民主党唐纳德·里格尔参议员（密歇根州代表）堪称强硬派的代言人[13]。在 1980 年 1 月全美汽车工人联合会的年度大会上，里格尔发表演讲："卡特政府应当要求日本把对美国的出口量控制在 1977 年的水平。如果日本拒绝，就拟定法案，规定美国市场的日系车必须在美国本土生产。"

事实上，此后国会基本按照这个思路不断对日本施压。在里格尔公开质疑日本有倾销之嫌后，国会对日本封闭本国市场的做法口诛笔伐，要求日本开放国门的呼声一浪高过一浪。

步入 20 世纪 80 年代，美国汽车行业的形势更加严峻，三巨头都未能幸免，赤字危机从克莱斯勒公司蔓延至通用汽车公司和福特汽车公司。

另外，在对日本采取强硬措施的呼声下，美国汽车工人联合会成为实际展开行动的急先锋。1980年6月，基于《1974年贸易改革法》，美国汽车工人会请求国际贸易委员会启动保障措施[14]，具体包括：未来5年内进口汽车的关税从2.9%提至20%，卡车的关税维持在25%的水平，参照1975年或1976年的标准限制进口总量等。工会申请的救济内容，尤其是限制进口数量的方案暂且按下不表。必须指出的是，后来日本和美国汽车自愿出口限制的框架基本按照这个思路制定。

同年9月，财务出现赤字的福特汽车公司上书国际贸易委员会，为工会的救济申请摇旗呐喊。之后，克莱斯勒公司也加入申诉的阵营。

卡特政府的应对

在政治舞台中，掌权者的管理哲学往往决定政策的导向。

20 世纪 70 年代末，依据《1974 年贸易改革法》起诉的汽车企业急速增加，限制日系车进口的呼声日益高涨。民主党卡特政府指出，日本投资方应当解决美国汽车从业者的雇佣问题——这番理性且不失稳健的姿态主要源自卡特的执政风格。

从卡特的总统就职演说中就可以略见一斑。关于政府职能，卡特解释道："我们已经学到'更多'未必就是'更好'的道理。即便是美国这样伟大的国家，也应当正视自身的极限，并非所有问题都能找到答案和解决办法[15]。"

与后任共和党总统里根相比，两人的风格截然不同。里根在就职演说中这样描述自己的主张："相信我们自己，相信我们的能力。问题可以解决，也终将得到解决[16]。"

不管怎样，基于卡特的稳健风格，政府始终低调行事。

如今提起"小政府"（Limited Government），人们首先想到的是里根。然而，从着手放宽限制的角度来看，卡特才是这个理念的先行者。

在卡特掌权时期，政府致力于减少束缚，甚至连州际铁路运费、金融利率等都有所放松。

卡特起家于美国东海岸南部的佐治亚州，家族世代务农，以种植花生为生。或许，在他看来，华盛顿只是各利益集团展开游说的舞台，而促使政府出台调节供需关系的经济政策，正是那群说客蠢蠢欲动的主要目标之一。

相比于受到"水门事件"牵连，加之因赦免尼克松而把自己推上风口浪尖的共和党总统杰拉尔德·鲁道夫·福特，卡特标榜自己是华盛顿政治的局外人，他重拾罗斯福当政时的政策，试图再现民主党的中兴。于是，卡特一改政府以往注重需求的风格，转而重视供给，推出与供给相关的政策。对汽车贸易问题的处理同样延续这个思路，因此限制进口这种制约供给的做法显然不在他的考虑范围之内。

1980 年 3 月，美国众议院筹款委员会成立贸易小委员会，就汽车贸易问题展开听证会。来自美国汽车工人联合会、三巨头、美国汽车零部件协会等的代表纷纷抨击日本，要求采取强硬手段。由于反响强烈，听证会后来被扩大至美国国会联合经济委员会。

作为政府代表列席的鲁宾·艾斯丘等人一再强调：汽车行业惨淡是被经济大环境拖累，恢复竞争力只是时间问题[17]。何况，从经济形势和自由贸易的角度来看，与其限制日系车进口，倒不如鼓励日本汽车制造商加大对美国的投资，提高美国工人的就业率。同时，要求日本进一步开放市场，加大美系车对日本的出口。

结合 1980 年 2 月驻日大使约瑟夫·曼斯菲尔德与大平正芳（时任首相）以及 1980 年 3 月贸易代表艾斯丘与外务大臣大来佐武郎的两次

会谈[18]，美国对日本的企图暴露无遗：美国汽车行业的困境主要源自国内，因此不必将汽车贸易问题上升为两国的政治问题。但是，重振美国汽车行业需要巨额投资，而且预计三年才能恢复元气。所以，美国希望日本在此期间可以自愿限制汽车出口。

然而，卡特政府的稳健路线在国内缺乏足够的支持。1980 年 6 月，在美国贸易委员会收到美国汽车工人联合会的诉状后仅仅过了一天，福特汽车公司与克莱斯勒公司又联合上诉，均以《1974 年贸易改革法》第201 条为由要求采取紧急限制进口的措施。国际贸易委员定于当年 11 月做出裁决[19]。11 月正是美国总统大选公布投票结果的时期，上诉与裁决的时机颇为耐人寻味。为了实现产业救济，各利益集团绞尽脑汁、精心布局。

与此同时，在卡特政府内部开始出现不同的声音。挽救汽车行业的呼声逐渐高涨，总额 10 亿美元的汽车行业综合救济政策由此出台，其中包括加大对汽车经销商的投资、放宽尾气排放限制等内容。

面对不利的政局，强硬要求日本实施自愿出口限制的建议日益增多。美国总统大选进入冲刺阶段，卡特的心态多少会受到影响。1980 年10 月，卡特公开表示："如果日本承诺不再加大对美国的汽车出口量，那真是让人无比欣喜之事。[20]"

卡特陷入政治危机，美国业界态度强硬，国际贸易委员会定于 11 月做出裁决……形势日趋严峻，日方自然不能坐以待毙。

1980 年春，鉴于美国要求日本自愿限制汽车出口的趋势愈演愈烈，通产省开始引导日本汽车制造商加大对美国的投资，尤以丰田和日产为主。另外，日本对美系车及相关零部件的进口也在不断增加。到了 5

月，日本政府提出原则上废除汽车零部件的进口关税，同时简化进口手续。

日本企业也与政府保持步调一致。1980年4月，日产宣布在美国建设小型拖拉机厂。5月，丰田为在美国建厂发起市场调研，并着手加快引进美国的汽车零部件。9月，日本汽车工业协会发布自愿出口限制的相关条例，宣称把下半年出口美国的汽车数量缩减至上半年的90%。结果姑且不论，日方此类举措既不合时宜，又与美方的要求相去甚远。随着两国矛盾加深，日本不得不做出更多让步。

20世纪80年代中期，美国汽车行业的失业率接近40%，克莱斯勒公司甚至关闭了位于底特律的工厂。美国国会也在此时颁布旨在促使美国汽车行业恢复竞争力的"联合决议案"。虽然并不具备法律约束力，却以众议院和参议院联合通过的形式向日本施压。

1980年11月，卡特连任失败。与此同时，国际贸易委员会也做出了裁决：5名委员中，2人赞成、3人反对，轰动一时的上诉以驳回而告终[21]。

美国高层相互推脱

1980 年 11 月，美国总统大选水落石出，民主党现任总统卡特不敌共和党候选人里根。在大选末期，日系车的自愿出口限制一跃成为政治问题，业界借机向卡特政府发难，里根自然也不会错过这张王牌，频频许诺，广收人心。

1980 年 7 月，鉴于卡特政府迟迟没有动作，激进的参议员们组建超党派的"汽车行动小组"（Auto Task Force）。与美国汽车工人联合会向国际贸易委员会申诉不同，此举旨在明确政府职责，确保签订"合乎秩序的市场销售协议"。既然负责对日谈判的政府按兵不动，索性以国会授权的方式催促政府展开谈判。

然而，政府依然不为所动。卡特认定美国汽车行业的衰落主要源自国内，也不甘心白宫沦为利益团体的傀儡。不过，毕竟选情告急，卡特的口风逐渐松动，"日本应当自愿限制汽车出口"的言论开始出现[22]。虽说不忘初心，但是如果选举失利，一切也就无从谈起。

作为选举策略之一，里根充分表露对汽车行业的理解和同情。而且，掌权者的碌碌无为往往是挑战者发起进攻的绝佳武器。1980 年 9

月，在参观克莱斯勒工厂为大选造势时，里根公开批评卡特政府："为了帮助汽车行业走出困境，限制他国对美国的出口是政府应尽的职责。"

明知主要原因不在日本，美国国会还是呼吁日本自愿限制汽车出口，甚至逼迫政府展开谈判。然而自由贸易的理念早已深入人心，卡特政府也不愿意充当"要求别国限制出口"的恶人，自然与国会分庭抗礼，相互推脱。

美国汽车工人联合会、福特汽车公司、克莱斯勒公司均以《1974 年贸易改革法》第 201 条向国际贸易委员会提起诉讼，对于隔岸观火、提心吊胆的日本来说，此时更加不敢轻举妄动。

基于该项免责条款，一旦认定进口外国产品急剧增多且给美国产业造成巨大损害，总统有权采取提高关税、限制进口数量并与该国交涉自愿出口限制等保障措施。

然而，美国的起诉理由在日本看来毫无根据。日本业界认为，美国汽车行业的困境是基于美国自身的问题——油价暴涨，使得小型车辆的需求猛增，而美国汽车制造商缺乏对策。日系车的大量进口并非原因，而是结果。

但是，在国际贸易委员会受理期间，尽管美国政府并未明确要求，日本还是单方面实施自愿出口限制。业界一片哗然，引用当时日产董事长川又克二的话来说："像是主动认罪一般，实在令人憋屈。"

日本的困惑与愤懑由此可见一斑。一是夹在美国政治与政策之间左右为难——美国政策上拥护自由贸易，但政治上基于大选需要而对汽车行业实施保护；二是因为美国言行不一而主动调整——美国虽说提倡自由贸易，实际却是保护汽车行业；三是日本自身也有口是心非的一面——虽然不同意美方毫无道理的做法，但是为了维护重要的美国市场，日本还是主动采取出口限制。

政治的世界确实难以捉摸。随着卡特和里根的权力之争接近尾声，限制汽车进口的争论也愈演愈烈。因此，虽然国际贸易委员会驳回上诉，但是风波并未就此平息——汽车进口限制已经跳出行政决策的领域，成为席卷美国本土的政治问题。

而且，里根击败卡特成为下一任总统的结果，充分说明国会对现状不满，希望以日本限制出口为导向来解决问题。当然，对于三权分立的美国来说，国会和政府"围绕权利和义务的相互推脱"堪称"宿命的轮回"。

美国总统大选的结果公布后，国会迅速采取行动。既然对于限制进口虚与委蛇的卡特已经确定出局，有必要在里根掌权之前晓以利害，确保在汽车贸易问题上采取强硬措施。来自美国中西部选区的议员将汽车行业视为大选的重中之重，此时更是团结一致，共同给下届政府施压。

1980 年 11 月，原本只是例行召开的众议院全院委员会以绝对多数通过日美贸易相关的国会决议案。此后，众议院贸易小委员会也如梦方醒一般，赶忙举办关于日美汽车贸易问题的听证会，给尚未上台的里根政府灌输对日态度强硬的理念。

虽然卡特政府试图以自由贸易的名义抑制国会的过激言行，但他们已是日薄西山、有心无力。在这段权力失衡的空窗期，美国的政治舆论一致倒向对日强硬。

纵使美国拥有全球最大的市场，汽车贸易问题演变至此也在情理之中。对日本来说，这也意味着对限制出口的认识需要上升到政治高度，除非里根的自由贸易思想和小政府理念发挥奇效，使美国经济重回正轨，拉动汽车行业的复苏。然而，奇迹并未发生。1981 年 1 月，第 97 届国会召开。议员们联合对新政府施压，强硬要求限制进口的姿态不足为奇。如何约束日系车涌入美国，这是里根掌权之初背负的沉重负担。

里根政府的对策

为了确保对日汽车贸易问题的强硬姿态，国会先发制人。1981 年第 97 届国会开幕伊始，在野党民主党展开两步走的"作战"方案[23]。

国会第一天，即 1981 年 1 月 5 日，由民主党议员分别向众议院和参议院提议，"要求赋予总统与外国谈判的权力，限制进口汽车和卡车"。

进入 2 月后，由民主党参议员劳埃德·本特森和共和党参议员约翰·丹佛斯联合递交法案，要求"调整 1981—1983 年的汽车进口比例，每年日系车进口量不得超过 160 万辆"。同时，众议院的两党议员也发起相同的提案。

另外，美国业界也根据国会进程伺机而动，配合国会向里根政府施压。2 月 14 日，几家大型汽车企业的负责人联名向里根政府上书："希望政府敦促日本承担相应的国际责任……在此非常时期，日本应当自愿减少出口，并且付诸行动。"

面对双重压力，里根政府自然不能无动于衷。商务部部长、交通部部长、贸易代表、财政部部长等内阁成员，以及主要总统顾问纷纷加入"汽车行动小组"，共商对策。但是，基于自由贸易的信念，众人对限制进口心生抵触，不愿采取强制措施。于是，来自国会的压力与日俱增，主要围绕《本特森－丹佛斯法案》展开。

标榜"减少行政干预，由市场自主调节"的里根政府迟迟不能达成共识，但是也极力避免拖到最后只能强行否决法案的尴尬局面。另外，鉴于新政府起航不久，与国会尚处"蜜月期"，认可违背自身信条的进口限制方案堪称噩梦，对里根及其幕僚来说更是下策。

究竟如何是好？决策者束手无策，倒是幕僚给出了绝佳答案。为了统一思想、维护里根的权威，由白宫幕僚长詹姆斯·贝克和首席总统顾问埃德温·米斯牵头，向里根进言，引导日本自愿采取出口限制才是上策。

相比于卡特政府对内对抗国会、对外严守自由贸易政策的做法，里根政府善于利用国会舆论，对内坚持以市场为先，对外倾向于转嫁责任，由别国解决问题。

因此，只要对内政策没有违背自身理念即可，还可以和国会的强硬姿态保持同步。一来可以借维护自由贸易的名义向日本这个世界第二经济大国问责；二来可以把责任归咎于日本，并要求日本开放市场。面对眼前的困境，里根政府在某种程度上维持自己的政治信条，同时把问题推给他国，这也是最好的办法。总之，之后日美的汽车贸易问题谈判基本延续了这个思路。

另一边，日本也根据美国的动态及时做出调整，与其保持一致。通产省和日本业界早已自我约束，对美国的汽车出口量也以不超过1980年的水平为目标。换言之，只需稍做改进、静观其变，日本全年的出口量自然会低于1980年的。而且，日本政府与企业基本达成共识：当前问题主要来自美国的压力升级和政治化处理。

因此，日美谈判的主导思想以不伤及两国关系为前提，关键在于寻找两全之法：既尊重里根政府的主张，又能维护日本的利益。此外，鉴于两国政府与企业错综复杂的利益关系，谈判层层推进。这个过程类似玻璃加工，需要小心翼翼、细致入微地协商和确认。

如此一来，围绕自愿出口限制的日美汽车贸易战也就迎刃而解了。

里根政府希望日本尽力把汽车出口量压低（根据 1978 年和 1979 年的平均值——约 150 万辆，以此为基点协商两国都能接受的数量），同时日方出台相应法规确保实现目标。于是，在 1981 年 3 月外务大臣伊东正义访美前夕，美国国务卿亚历山大·黑格发函告知美方的设想。伊东正义抵达美国时，黑格与贸易代表威廉·布洛克当面恳请日方配合推进自由贸易。之后，里根也在会晤时重申美方的诉求，并请伊东正义传话给计划访美的前首相铃木贯太郎。

此外，美国专门派出代理贸易代表奔赴日本。名为解释美方的汽车救济政策，其实希望日本予以配合。面对美方的种种明示和暗示，通产大臣田中六助公开回应："尊重美国政府的意愿，日本自愿实施汽车出口限制[24]。"

回顾谈判的历程，其实基调从最开始便已定下，需要商议的无非是限制数量、期限、具体措施等细节。

几点分歧

日本的汽车自愿出口限制也是一场政治交易。日本制定相关法规，把每年出口美国的汽车数量控制在150万辆以内，这是美方的目标。从两国交好的大局出发，只要出口限制不至于影响日本汽车制造商开拓美国市场，日方未尝不能接受这个条件。

两国的谈判基本围绕这条主线，但实际进展并非一帆风顺。谈判前的基本共识与谈判中的细节推敲终究是两回事，协商细节需要立足实际。不过，事先确定的基调在很大程度上可以避免谈判走向破裂。由此可见，掌权者的政治决策确实意义非凡。

日美双方的主要分歧在于每年的汽车进出口数量——美国希望控制在150万辆以内，日本则要求以1980年实际出口的180万辆为准。围绕这30万辆的差距，与旅游景区买纪念品类似的讨价还价戏码就此上演。根据1979年155万辆和1980年182万辆的最终实际出口数量，双方最终以平均值168万辆达成共识。两国相关人士均在幕后积极协调。让步也好，妥协也罢，各自都有不得不接受的道理。

至于限制期限，日方的主张是一年。当前问题主要源于美国对市场需求的变化反应迟钝，行业复苏只是时间问题。因此，暂定一年以观成效。如果需要延期，届时另行协商。不过，美方坚决要求三年。因为，区区一年不足以说服美国金融机构加大对汽车行业的融资。

双方各执一词，但是基于各自的考虑，最后还是以另一种形式达成共识："以第一年进口限额的 168 万辆为基数，乘以扩大市场需求的系数（1979 年和 1980 年日系车在美国市场占比的平均值 16.5%），得出第二年进口限额的增量。第二年的限制总额是 168 万辆加上这部分增量。"换言之，配合美国汽车市场的回暖，日系车的进口限额相应放宽。这看似与日方的要求差别不大，其实是变相把延期延长了一年。

根据 1981 年 5 月的协商结果，双方决定有必要在第二年年末分析汽车市场动态并探讨再度延期一年的可能性，日本的要求由此大打折扣。不过，美国在信函中也提及："无论进展如何，自愿出口限制定于 1984 年 3 月末结束。"

不过，虽然日方妥协了，但是该协议终究只是对日本的单方面约束，美国此举也有违反反垄断法之嫌。这个问题令双方当事人如鲠在喉。日方原本就心有不甘，何况一旦允诺还有可能遭到美国司法部起诉，国内也会闹得满城风雨。于是，为了防患于未然，日本预先致函美国司法部，咨询与美方的协议是否违背反垄断法。美国司法部部长在回信中认定"不违法"，并且特地补充说明："有此公文在手，即使遭到起诉，审理也会轻松许多[25]。"

日美之间的谈判原本就不是真正的"交涉"，而是"为了达成目标的折中之举"[26]。日方妥协的结果立足于对美国形势的斟酌，是"日本政府为缓解贸易摩擦而做出的单方面调整"。

话虽如此，日本政府还是借通产省措施法的名义确定汽车行业的出口限制框架，确保出口限制有法可依，这也正合美方的心意。无论是美国司法部的回函，还是日本通产省的行政立法，都是经过深思熟虑的高明之举，令人佩服。

至此，这场围绕汽车贸易问题的折中和斡旋也临近尾声。作为一出政治大戏，最终达成协议的方式也极富戏剧性。

日方通产大臣田中六助首先发表声明："基于维护自由贸易体系、日美经济合作的大局，日本决定采取临时性措施，自愿限制对美国出口汽车。[27]"美国贸易代表布洛克旋即回应："日方此举是维护自由贸易体系、缓解两国贸易摩擦的明智选择，也为美国汽车制造商重振雄风提供了宝贵机遇。日系车在美国市场的销售虽然暂时受阻，但迟早可以恢复。"

一唱一和之间，日本的自愿出口限制也被捧为两国精诚合作、维护世界秩序的正义之举。然而，"自愿出口限制定于 1984 年 3 月末结束"的约定终究成了一纸空文，到期之后美方故意不提，日方默许延期，汽车的自愿出口限制由此又被延长 9 年，直到 1993 年 3 月。

变相延期的演变

回顾这段历史，有三点值得注意：

第一，原本以三年为限的自愿出口限制在第二年便有变化。

第二，日美虽于 1983 年 3 月末协商是否需要延长至第三年，实际并未达成协议。那么，日本为什么单方面决定再延长一年？

第三，尽管遭遇种种变故，日本并未于 1984 年 4 月决定终止已经到期的自愿出口限制，而是单方面默许延期（直至 1993 年 3 月），究竟是何原因？

先来看第一点。"以第一年进口限额的 168 万辆为基数，乘以扩大市场需求的系数（取 1979—1980 年日系车在美国市场占比的平均值 16.5%），得出第二年进口限额的增量。第二年的限制总额是 168 万辆加上这部分增量。"虽然如此约定，实际并未实施。

1982 年 3 月，美国商务部发文，预计美国当年的汽车市场需求为 900 万辆。据此推算，日系车的出口量约为 175 万辆，比第一年 168 万的目标多出 7 万辆。

然而，美国国会对此深表怀疑[28]："1982 年的汽车市场需求较之上年或许确有增长，不过，在 1981 年成交的 852 万辆汽车中，实际由美国制造的只有 621 万辆。而且，美国汽车制造商的业绩反而比 1980 年减少 6%。因此，销售总量虽有提高，但美系车的份额其实不增反减。"言下之意就是，不能放宽对日系车的限制。另外，让日本颇为头疼的是，由于美国经济低迷，贷款利率和美元汇率持续走高，美国的贸易赤字急剧膨胀，而且一大半来自对日贸易。

　　美国国会对日本越来越挑剔，日本两院频频收到要求对日强硬的法案，最具代表性的就是《当地成分要求》。该法案规定，在美国组装、加工时，由美国生产的零部件必须占到一定比例。随着美国国内保护主义的抬头[29]，国会内部对此附和的声音逐渐增多。

　　鉴于美国深陷经济危机，虽然两国政府对放宽进口限制达成共识，但实际是否增加出口，主要取决于日方。而且，美方也在积极造势，希望日本可以做出有利于美国的选择。

　　无论如何，经过深思熟虑之后，首相中曾根康弘于 1982 年 3 月宣布："放弃第二年出口量上浮 16.5% 的权利，1982 年度日系车出口美国的总额与上一年持平，即 168 万辆。"此举旨在缓解美国国会的压力，避免通过具有保护主义色彩的法案。

　　那么，第三年，即 1983 年怎么办？这本应在第二年期满（1983 年 3 月）前由两国协商决定，然而由于美国经济一蹶不振，对日贸易逆差持续猛增，保护主义思潮已经成为国会舆论的主流。事实上，《当地成分要求》于 1982 年 12 月在众议院获得通过，不过，之后被参议院驳回了。

因此，无论从经济层面还是政治层面来看，第三年延续进出口限制确有必要。基于当初的约定，这本应由两国协商确定，但是里根政府的贸易代表布洛克却将此视为理所当然，甚至要求日本延长到第四年——1984年。

于是，中曾根康弘政府决定，自愿出口限制如约恪守三年，第三年（1983年4月—1984年3月）的限额也控制在168万辆。

自愿出口限制虽然没有背离关税及贸易总协定的宗旨，但是滥用就有违反自由贸易精神、滑向保护主义的风险，因此按照最初的协议，三年即告终结。另外，考虑到美国的经济形势，日本决定把出口限额维持在168万辆。在通产大臣山中贞则看来，自愿出口限制作为权宜之计就此谢幕，日本对美国也算仁至义尽，堪称两全其美。

然而，美方却不这么认为，并且对没有延长到第四年颇有怨言。1983年，美国经济有所好转，汽车行业逐渐复苏，美方由此对放开进口限制顾虑重重，担心日系车大量抢占美国市场。商务部部长马尔科姆·鲍德里奇正式要求日本将自愿出口限制再延长一年，保护主义浪潮再度达到顶峰。

但是，在日方看来，自愿出口限制只是为解美国的燃眉之急而临时采取的办法，如今美国汽车行业重整旗鼓，这个"应急措施"自然再无延续的必要。即使暂时保留，原因只剩下支援里根政府、反抗保护主义。

事到如今，自愿出口限制已经跳出当初协商的范畴，再度成为席卷两国的政治问题。如此一来，自然便会掺杂其他政治考量。里根计划于1983年11月出访日本，日美首脑会谈也将同步进行。而且，1984年即自愿出口限制延期的第四年恰逢美国大选、里根谋求连任的关键时期。

两国的贸易摩擦愈演愈烈，同期展开的日美农产品贸易谈判也是举步维艰。最为关键的是，由于长期执行自愿出口限制，日本汽车行业的利益严重受损。

鉴于美国总统大选为期不远，里根政府只能对贸易赤字问题淡化处理，以免自揭短处，授人以柄。对日方来说，虽然自愿出口限制到期后便可废除，但贸易赤字问题也会由此激化，未免有乘虚而入之嫌，不利于里根赢得连任。正是基于这些考虑，中曾根康弘政府默许自愿出口限制延期。

1983 年 11 月，通产大臣宇野宗佑与贸易代表布洛克会晤时表示："当前的自愿出口限制按计划应于（第三年期满的）1984 年 3 月结束。鉴于美国经济回暖，为防止美国市场日系车猛增，我国单方面决定把出口限制延长一年，至 1985 年 3 月。但是，出口限额从 168 万辆升至 185 万辆。"虽然日方再次做出让步，把自愿出口限制作为自身责任并延长，但好歹也让限制条件有所放宽（大幅提高出口限额）。

日本汽车自愿出口限制的后续

1984 年 11 月，共和党里根击败民主党候选人沃尔特·蒙代尔，成功连任。

此时，美国经济高歌猛进，汽车行业也步入正轨。由于总统一般只能当选两任，里根再无后顾之忧，所以在被后世奉为经典的就职演说中，他高调宣称"重振汽车行业"，是否延续自愿出口限制"由日本政府决定"。

虽然给日本铺好了台阶，但是废除自愿出口限制实际并非易事。

两国之间依然存在贸易赤字问题，个别领域如电信、电子技术、木材及医药和医疗设备也已签订贸易框架协议。这些行业在日本相对封闭，美国此举旨在敦促改革，强势要求日本开放市场。而且，里根积极释放信号，将开放这四个领域与废除自愿出口限制挂钩。1985 年 3 月，里根公开表示："美国坚持自由、公正的贸易原则，因此不会要求日本延长自愿出口限制。"

虽然废除自愿出口限制初现曙光，但是日方悬着的心并未放下。即便美国政府频频示好，国会的保护主义者也未必善罢甘休，贸易逆差扩大、进口日系车数量猛增、汽车零部件问题等都是他们攻击日本的绝佳武器，对日手段强硬的法案随时可能问世。

于是，日方再度做出取舍，由通产大臣村田敬次郎对外宣布："作为临时措施，1984 年度的自愿出口限制于 1985 年 3 月结束。届时实施新的出口限制，1985 年的出口限额为 230 万辆。"

日方本想如先前一般有舍有得，至少放宽出口限额，不料这次却让美国怒火中烧。在美方看来，即便废除自愿出口限制，日系车的进口数量也不可能超过 220 万辆。可是，日本却把限额从上一年的 185 万辆陡然提到 230 万辆，"彻底打破出口限制，也会给美国汽车市场造成混乱"。因此，以保护自由贸易为名，美方要求日本继续延期一年作为缓冲。

既然美国认为日系车放开限制也达不到 220 万辆的进口量，何必对230 万辆的数字耿耿于怀？而且，国会更加咄咄逼人，毫无缓解紧张气氛的姿态。如此一来，原本"最多三年"的自愿出口限制一拖再拖，直到 1993 年 3 月。此外，自 1985 年以后，美国政府不再参与进出口限额的讨论。

但是，这并不意味着美国对延长自愿出口限制漠不关心——只要自身陷入困境，美国就向日本问责，然后日本自愿出口限制便再度延期，这招可谓屡试不爽。因此，除非日本跃跃欲试，否则美国只会冷眼旁观。美国国会和政府各司其职的特殊国情也使得这一局面成为可能。两者一唱一和，既然有国会撑腰，政府自然理直气壮地要求日本让步。

日方的心态也与里根政府类似。如果仅仅围绕汽车贸易问题谈判，自愿出口限制早已完成历史使命。但是，其他四个行业被卷入其中，美国甚至把在这四个领域的对日贸易逆差归咎于"日本市场的封闭性"。

加之美国国会盛行保护主义之风，权衡之下，还是汽车行业问题相对较少，不至于牵一发而动全身。日本出于谨小慎微、维持现状的心态，废除汽车自愿出口限制也就不了了之。只要里根政府没有明确表示"结束限制"，实施自愿出口限制就是日本单方面的行为。日方骑虎难下，延长期限也就成为自导自演的闹剧。

综上所述，里根政府打着"维护自由贸易，不必延长期限"的旗号潇洒退场，留下日本忐忑不安："美国政府可以这么说，但是国会可不这么想……"为了防止保护主义抬头导致两国关系紧张，日本维持当前的自愿出口限制也是无奈之举。否则，横竖都会招致非议。

不过，若说日本满盘皆输，其实也不尽然。随着自愿出口限制的推进，日本汽车制造商逐渐调整并适应新的生存环境。一方面是出口受限，另一方面是对日系车的需求居高不下，办法想来只有两个：或是响应在美国生产的要求，或是尽量出口附加值更高的车型。

1982 年，本田汽车公司成为第一家实现美国本土生产的日本汽车制造商。这要追溯到 20 世纪 70 年代中期，本田汽车公司决定试水自身的招牌产品——摩托车。1979 年，位于俄亥俄州的工厂开始生产本田摩托车。1980 年，美国生产的本田汽车也已问世。1982 年正值日美汽车贸易战进入白热化阶段，本田此举，与其说是规避贸易摩擦，倒不如说是生产扩大化的必然结果。

紧随其后，日产汽车公司于 1983 年在田纳西州开设拖拉机厂，1985 年着手生产汽车。

丰田汽车公司的本土化进程相对谨慎。1984年，丰田参股通用汽车公司旗下的新联合汽车制造公司，迈出在美国建厂的第一步，并于当年年末实现本土化生产。1986年，丰田再接再厉，于肯塔基州成立全资子公司，后于1988年投产。

在此期间，三菱、马自达等日本汽车制造商各显神通，1985年在美国成立子公司、1987—1988年开始生产汽车的轨迹如出一辙。

综上所述，置身于自愿出口限制的大环境，日本汽车制造商与时俱进，纷纷改为在美国生产汽车。

另外，出口美国的日系车迅速从小型车转向大型车和高档车。既然日企在美国建立小型车生产体系满足了市场对小型车辆的需求，出口大型车以应对美国的限制也就顺理成章。

随着日本汽车制造商逐渐在美国站稳脚跟，自1987年以来，美国日系车的进口量长期低于限定值，进出口限额实际上形同虚设。因此，日本政府又把1992年的限额从230万辆降至165万辆，足足少了65万辆。

尽管限制已经不起作用，但自愿出口限制依然存续，确实耐人寻味。或许自愿出口限制滋生了各类利益，这些既得利益反过来成了废除该限制的阻碍吧。至少，在自愿出口限制实施及延期以来，美国汽车的售价上涨也是不争的事实。不少美国汽车制造商从中获利，或者与日本厂商合作共建小型车辆的生产体系。

不管怎样，始于1981年的自愿出口限制逐渐演变为一种制度，最终因被关税及贸易总协定的"乌拉圭回合谈判"①定义为违法而被彻底废除。"自愿出口限制"始于政治压力，又终于政治压力。日本饱受其苦，教训可谓深刻。

---

① 1986 年 9 月在乌拉圭的埃斯特角城举行了关贸总协定部长级会议，决定进行一场旨在全面改革多边贸易体制的新一轮谈判，故命名为"乌拉圭回合谈判"。这是迄今为止最大的一次贸易谈判，历时七年半，于 1994 年 4 月在摩洛哥的马拉喀什结束。——译者注

04 日本半导体行业的衰落

《日美半导体协议》及其影响

从真空管到晶体管的演变

在展开本章的内容之前，有必要先简单讲解一些半导体的知识。

电气回路由各个元器件组成。元器件分为有源和无源两类，其中能够实现信号增幅功能的便是有源器件。在晶体管风靡一时之前，真空管被广泛用于有源器件。菊池诚被誉为半导体研究的"活字典"。据他介绍："如果没有发明真空管，增幅功能也就无法实现。当时，高科技浪潮初现曙光，而真空管就是整个电气回路的中心。[1]"

后来，出于军事需要，真空管逐渐被晶体管取代。

随着引擎技术的突飞猛进，战斗机和轰炸机的速度越来越快。从城市防御的角度来说，提高侦察敌机的精准度迫在眉睫，具备电波探测功能的雷达就此问世。但是，飞机反射的电波极为微弱。为了实现增幅，检波器应运而生。起初只是在天然矿石的表面插上一根用钨或者镍制成的细针，后来人们发现，如果用人工晶体取代天然矿石，可以提高检波器的精准度。在相继尝试锗、硅等材料后，最终实现晶体导电，"半导体"由此得名。值得一提的是，最初用锗做实验的原因在于其熔点比硅低，便于操控。

于是，基于上述研究方向的演变，电子增幅也从真空管转为晶体管。

这段历史可以追溯至 1947 年 12 月，美国电话电报公司（简称AT&T）旗下贝尔实验室（Bell Labs）的沃尔特·布拉顿等人发明锗晶体管。在锗晶体管增幅实验取得成功后，贝尔实验室又展开精密的验证。或许是他们对精度要求较高需要反复实验，所以直到 1948 年 6 月才将其公之于世。

1949 年，同在贝尔实验室的威廉·肖克利提出结型晶体管的设想，并于 1951 年 7 月研制成功。贝尔实验室于 1952 年 2 月对外公布了这一结果。

当时，虽然通过晶体实现增幅的消息已经传至日本，但要在日本真正实现商业化量产仍需一段时间，并且要搜集更多技术资料。因此，早期的日本研究人员完全从零开始摸索，反复尝试，这份热情也是基于纯粹的好奇心吧。在屡战屡败的过程中，研究人员逐渐意识到，半导体现象的产生取决于晶体的纯度。然而，打造完美纯度的晶体殊为不易。

半导体的特性之一在于使晶体产生导电性，这对精度要求极高，需要不断试错。而且，掌握技术并不意味着万事大吉，还需实现商业化量产。无论是企划还是生产，都需要比之前加倍努力。

引用菊池诚在著作中的描述："在晶体管诞生后，美国迅速组建 4个研究组，研究方向分别为：①深化半导体的物理性研究；②提升晶体管性能；③强化晶体管的生产技术；④加强教育，实现技术人员从真空管到晶体管的转型……美国把晶体管的研究和发展视为国家战略，并制订了相应方针和计划。[2]"

相比之下，日本索尼公司的创始人井深大对外宣称要"利用半导体技术研制收音机"。菊池城对此评价说："立足全局，明确方针，美国此举无疑为尚未成熟的半导体技术提供了巨额资金保障。至于研发收音机，感觉像是有志青年的冲动之举……（但是）两者心态的不同源自社会价值观的本质性区别……如果战后重建的日本没有这么激进，而是效仿美国稳扎稳打，日本的电子产业不至于崛起太快，之后的日美半导体贸易战也就不复存在……[3]"

　　于是，自1953年中期开始，日本企业怀着生产半导体收音机的雄心壮志，纷纷投资研发锗收音机。根据菊池诚的回忆："虽然社会经济发展水平远低于美国，但是日本企业豪掷重金，全力以赴展开研究……尽管日本的综合研发能力相对落后，对技术的掌握也存在不足，然而上下一心、众志成城，最终抢在美国之前找到了答案……[4]"

　　1956年，索尼生产的第一台半导体收音机正式投放市场。日本的电子技术从此突飞猛进。后来者居上，不知美国对此作何感想。菊池诚在回忆录中写道："在某次宴会时，美国飞歌公司[①]董事长发表演讲，宣称不必担心日本晶体管的产量超过美国。因为，日本生产越多，付给美国的专利费也就越多。只要大量资金在手，引领时代、推出新技术和新设备的仍会是美国……[5]"

　　1959年，日本超越美国，锗管收音机的产量跃居世界首位。

---

① 飞歌公司是电池、无线电和电视生产的先驱，也是知名的国际家电经销商。飞歌品牌在北美市场归飞利浦所有，在其他市场则换成飞歌国际（Philco International）的商标，由伊莱克斯（Electrolux）掌控。——译者注

集成电路取代晶体管

在诞生之初，锗管收音机的频率极不稳定，电量也极为有限。随着研发深入、掌握更多的技术原理后，才逐渐方便人们使用，性能也大为提升。最具代表性的便是平面型晶体管取代台面型晶体管，使得半导体的性能更为持久。

在这个转型的过程中，八名青年脱离"晶体管之父"威廉·肖克利的团队，另创仙童半导体公司（Fairchild Semiconductor），积极研究平面型晶体管，开拓新型商业模式。这段传奇经历也被公认为硅谷崛起的开端。

其实，两种晶体管的区别在于是否使用氧化膜。由于平面型晶体管在加工过程中采用二氧化硅膜，化学特性稳定，因此生成的半导体材料具有绝缘性[6]。换言之，只要表层覆盖氧化膜，材质便不容易被腐蚀。

从技术和材质的变化来看，硅取代锗堪称一大进步。而且，硅的使用也从零部件扩展到整个集成电路[7]。集成电路由硅片、晶体管和电阻等各类零部件组成，硅片和晶体堪称核心。所有器件经过精密加工组装在一起，信号处理效率大为提高。而且，只要掌握一次成型的加工技术，便可实现量产。

在集成电路的发明史中，不得不提一个人物——杰克·基尔比。身为德州仪器（TI）的工程师，他创造性地在一小块硅片上用少量的零部件组建了一个完整的电路。1959 年，德州仪器成功取得世界上第一个与集成电路相关的专利。

与此同时，时刻关注最新技术的日本也着手从锗到硅的升级换代，为实现量产而苦心钻研生产技术。1960 年年初，日本成为全球最大的硅晶体管生产国。

尽管日本在硅晶体管生产的领域已经鹤立鸡群，但美国还是率先步入集成电路时代。由于德州仪器将此列为公司机密，在基尔比发明成功之后将近一年，集成电路才为世人所知。正是因为这个时间差，日本对这项新发明认识不足，再度被美国远远甩开。

1960 年，日本硅晶体管的产量升至世界第一。同年，日本使用集成电路相关专利的请求也获得基尔比的许可。这一事实便是美国在集成电路领域远超日本的最好证明。

硅片虽小，所安装的零部件却越来越多，呈等比例增长。1965 年，仙童半导体公司的戈登·摩尔敏锐地观察到这一现象，天才地预言道："集成电路上能被集成的晶体管数目将以每年两倍的速度稳步增长。"这便是著名的摩尔定律[8]。

自 1965 年以来，日本的半导体厂商积极引入美国的集成电路技术并加以消化吸收，集成电路的量产体系得以逐步确立。值得一提的是，日本当时的半导体生产都是由各综合电机制造商的半导体部门负责的，没有专门从事半导体生产的公司。因此，这些综合电机制造商以搭载自身产品为目的，顺带从美国引入半导体技术，或者干脆进口半导体。

1970 年，全球三大半导体（集成回路）供应商依次为德州仪器、摩托罗拉和仙童半导体公司。日本电器厂商致力于从美国引进集成电路，经加工组装后卖出终端产品[9]。后来，这种过度依赖国外的生产模式逐步得到改善。20 世纪 70 年代中期，日本综合电机制造商开始自己生产集成电路，减少从海外进口。在此之前，日本已经对进口半导体设置了一定的限制，因为如果完全按照市场需求引进外国的集成电路，终究不利于自身技术的研发和国产化进程。

不过，各家公司分析研究美国的进口产品，继而自主研发，实现本土化生产。进口集成电路的需求大为下降，进口限制形同虚设。正是基于这样的背景，1974 年，日本迫于美国的压力而完全放开集成电路的进口。

日本集成电路技术的飞跃始于 20 世纪 70 年代中期。正值晶体管技术高歌猛进之时，日本企业以收音机为突破口，全力以赴地投入生产。

正如前文所述，在锗晶体管时代，索尼创始人井深大曾经提出集中精力研发收音机。这一回，通产省汇总政府和民间的意见，明确制定技术目标。

两者的区别在于，前者只是开发"产品"，而后者旨在掌握"技术"。累计投资达 7000 亿日元的"超大规模集成电路计划"（也称"超LSI"）横空出世。值得一提的是，"超大规模集成电路计划"是先确定技术目标，再以技术带动产品研发的，看似有些极端，但我认为，这种开发模式对于日后半导体行业的发展有重大影响。

"超大规模集成电路计划"

自 20 世纪 60 年代中期以来，集成电路技术日新月异，半导体也实现集成电路、大规模集成电路、超大规模集成电路的三级跳。

从名称的变化便可看出，集成电路的性能得到显著提升，这是存储器扩容和精密加工技术突飞猛进的结果。日本集成电路得以迅猛发展，通产省推行的"超大规模集成电路计划"发挥了中流砥柱的作用。

技术研发需要从凌乱、缥缈的灵感中捕捉方向，预见未来。研究人员之间达成共识绝非易事，但日本的"超大规模集成电路计划"却轻松获了全体专家的认可。原因在于，"超大规模集成电路计划"的概念攸关日本半导体行业的前途和命运。当时日本半导体行业的全部销售额为 1600 亿日元，而政府和企业投入的研发资金就高达 700 亿日元，举国上下对"超大规模集成电路计划"寄予厚望的心情由此可见一斑。

关于这个项目，还有一段令人难以置信的奇闻，引用菊池城的回忆录如下[10]：

"日本之所以火速推出'超大规模集成电路计划'并且倾尽所

能，是因为据说美国正在酝酿类似的大手笔……1972 年，有感于大型计算机的时代即将到来，IBM 公司宣布启动'未来系统项目'（Future Systems）。为了满足大型计算机的运行要求，IBM 计划打造直径 30 厘米的硅板以安装集成电路……"

消息传到日本，加之媒体添油加醋，给人的感觉就是"美国有计划研发超强性能的巨无霸集成电路"。素来视美国为对手的日本政府及企业一时难辨真假，虽然反应或许有些过激，但是迅速制订"超大规模集成电路计划"，试图与之对抗的心态不难体会。

推测美国对集成电路的研发方向，日本政府起草了类似计划，企业也是争先恐后地投入研究。从某种意义上来说，这或许也证明了美国造成的阴影在日本人心中始终挥之不去。不管怎么说，日本倾全国之力开发集成电路，半导体产业由此一举超越美国。

这段历史暂且按下不表，引用菊池城的记录来看美国的反应："日本为什么万众一心研发大规模集成电路、超大规模集成电路，美国也是百思不得其解，想方设法打听日本发展超大规模集成电路的意图……[11]"

根据菊池城的介绍，惠普研究员费尔贡·罗夫纳表示："当时 IBM 抛出'未来系统项目'确实轰动一时，但这与集成电路或者晶体管毫无关联，项目本身也不值一提……历史证明，所谓'未来系统项目'就是 IBM 秘密进行的'超大规模集成电路计划'纯属无稽之谈。"

如果事实果真如此，"超大规模集成电路计划"对日本来说就是意外之喜。菊池城总结道："无论启动该项目的初衷是什么，所幸把目标定为'技术进步'，这是发展电子行业不可或缺的首要条件。[12]"开弓没有回头箭，于是，日本制定相关法规，组建产业技术创新联盟，最终取得了意想不到（从初衷来看或许是意料之内）的成果。

产业技术创新联盟是引导、促进企业合作研发的机构，最初的目标是提高工矿业技术。日本引进和借鉴英国的研究学会制度[13]，并于1961年颁布《工矿业技术研究组合法》（2009年修订为《技术研究组合法》），产业创新技术联盟由此成立。

其中，超大规模集成电路技术研究联盟（1976—1980年）为工业技术院电子技术综合研究所、富士通、三菱电机、东芝、日立、NEC共同研究提供舞台。原本明争暗斗的几家企业向着同一个目标各展所长、共享资源，齐心协力推动技术研发。不过，鉴于头绪众多，应该优先着手哪些研究方向呢？

一番纠结之后，最后锁定两个目标：研发超大规模集成电路的生产设备和寻找优质的超大规模集成电路材料[14]。如果最终得以实现，这便是日本掌握划时代集成电路技术、赶超美国的决定性武器。

至20世纪80年代中期，日本终于如愿以偿，在超大规模集成电路生产设备及材料方面位居世界领先地位。在半导体生产领域，NEC、东芝、日立包揽世界前三，富士通、松下、三菱电机也在前十之列。

然而，祸福相倚，这同时也埋下了祸根。日本集中一切力量研发"超大规模集成电路计划"的狠劲令欧美国家大为震动，也深感被威胁。

不出几年，美国、英国、法国、德国纷纷效仿日本，制订"超大规模集成电路计划"。尽管对手如雨后春笋般涌现，但日本在全球集成电路市场的地位依然稳如泰山。日本在超大规模集成电路领域的技术研发水平领先世界四年，欧美发达国家无不视此为奇耻大辱。

与此同时，美国的半导体行业陷入困境。究其原因，一是宏观经济层面，里根政府决策失误；二是微观经济层面，个别企业经营不善。结果，美国经济下滑，"产业空心化"①现象日趋严重，贸易赤字居高不下，这些都是导致日美半导体贸易摩擦的重要因素。为了方便理解，有必要分析一下 20 世纪 80 年代前期的"里根经济学"及其对美国半导体行业的影响。

---

① "产业空心化"是指以制造业为中心的物质生产和资本大量、迅速地转移到国外，使物质生产在国民经济中的地位明显下降，造成国内物质生产与非物质生产之间的比例关系严重失衡。——译者注

20 世纪 80 年代中前期的美国经济

美国的经济及产业结构在 20 世纪 80 年代发生巨大变化。

美国于"二战"结束后成为世界经济的霸主，于 20 世纪 60 年代达到巅峰。但是，步入 70 年代后，美国的领先优势有所下降[15]。

20 世纪 60 年代，身为资本主义阵营的领头羊，美国正式参与越南战争，对外力求速战速决，对内宣扬打造"伟大社会"。双管齐下、盲目乐观的结果，就是物价飞涨、失业率飙升，本土产业的国际竞争力有所减弱。可以说，1973 年美元不再与黄金挂钩（放弃美元本位制）、结束"越战"等决策都是尼克松不得已而为之。

20 世纪 70 年代的两次石油危机也令美国备受打击。物价和失业率居高不下，菲利普斯曲线①呈上升趋势，至今仍被经济学家津津乐道。1977 年，卡特在总统就职演说中表示："即便是美国这样伟大的国家，也应当正视自身的极限。"如今想来，这也是当时社会现状的真实写照。

---

① 菲利普斯曲线，由新西兰统计学家威廉·菲利普斯于 1958 年最先提出，用来表示失业率与通货膨胀率之间的交替关系。——译者注

美国的掌权者往往以积极乐观的形象示人，但卡特却一反常态。菲利普斯曲线持续走高，通货膨胀与高失业率给欣欣向荣的社会蒙上一层阴影，卡特政府确实力不从心。伊朗 1979 年革命爆发，武装分子占领美国大使馆，卡特政府也束手无策。1980 年大选，共和党候选人里根直接对掌权者提出质疑："你的生活可比四年前更好？"卡特落败的结局也可以说是民心所向。

在上任之前，里根曾向《华尔街日报》投稿，以《80 年代的政府与产业》为题 [16] 阐述了自己的执政理念：

"……掌权者开始意识到，政府贪得无厌地吸收资本和盲目扩大财政支出，正是通货膨胀的根源……各种法律法规纷繁复杂，如蛛网一般。加上税收政策有失妥当，既阻碍民间资本的募集，又损坏美国发展生产力的基础……

"……政府不一定比其他社会机构高明，掌权者未必优于被统治者，这就是我对现状的基本认识……"

在 1981 年的总统就职演说中，里根也将自己的政治哲学大白于天下："政府并非解决问题的手段，而是万恶之源。"之后，里根政府宣布实施新的经济政策，即"里根经济学"，主要包括四个方面 [17]：①大幅削减财政支出；②大规模减税；③政府放松对企业的限制；④实施稳定的货币政策。

在就任的第一年，趁着和国会的"蜜月期"尚未结束，共和党里根政府在众议院拉拢了民主党的南方保守派。因此，尽管民主党在众议院占据多数，里根经济学中的"大幅削减财政支出"和"大规模减税"还是顺利通过了。担任预算办公室主任、被誉为"里根经济学之父"的大卫·斯托克曼在回忆录[18]中写道："财政支出和税收的削减幅度远超预期，这场大捷令人惊奇。"

尽管在与国会的较量中获胜，但是政府的财政收支由此急剧萎缩。通货膨胀与失业问题从20世纪70年代蔓延至今本就有愈演愈烈之势，出台财政紧缩的政策无疑使局面进一步恶化，引起连锁反应。经济萎靡导致财政收入减少，财政赤字迅速扩大，政府资金需求挤占市场需求，出现"排挤效应"①。利率不断上浮，高利率刺激海外资本的涌入，最终导致美元走高。

面对雪上加霜的经济和经营环境，为了降低市场需求，美国制造企业只能大幅裁员和减产。同时，利用美元处于高位的时机，他们纷纷把生产重心移向海外。经济低迷、高利率、美元走高，这三座大山皆拜宏观经济政策所赐，不堪重负的企业只能如此应对，美国制造业迅速陷入产业空心化的深渊。更糟糕的是，美元保持高位使得出口产品的国际竞争力大为削弱。

如此一来，美国的财政和贸易双双出现赤字。而日本的境况恰恰相反。20世纪80年代前期，在投资和出口的双剑合璧之下，日本经济继续高歌猛进。在美国企业缩减生产的同时，日本的制造企业斗志昂扬、积极投资。相比于美国减少设备采购、把投资转向海外，日本豪掷重金、推动产业升级，生产效率和出口供给能力节节攀升[19]。

---

① 排挤效应，是指政府的预算赤字以发行国债的方式弥补的情况下，政府支出的增加会减少非政府部门的资金供给并形成金融市场利率上升的压力，从而引起非政府部门投资减少的现象。——译者注

不过，美国经济从 1982 年 11 月开始复苏，并且迎来战后最长的繁荣时期。结合日、美两国此前截然不同的表现，结果也在情理之中。

在陷入经济危机时，为了迎合急剧萎缩的市场需求，美国企业大幅削减国内生产。但是，不久之后市场迅速反弹，美国企业措手不及，自然给保持稳定发展的日本公司以可乘之机。在工业、农业及食品加工等领域，日本制造的设备在美国市场占有大量份额。据统计，美国的主要出口产品（如钢铁等）在 20 世纪 80 年代之前就已出现赤字。工业设备、农业设备等被视为行业命脉的机械设备也在 20 世纪 80 年代前期陷入贸易逆差[20]。

基于里根经济学的宏观影响，市场环境发生天翻地覆的改变。无论如何应对难关，美国制造业出口竞争力下降的结果都在所难免，而且贸易赤字加剧使得业界越来越倾向于保护主义。

宏观经济政策造成行业动荡，企业的自救行为反过来影响经济全局。若要研究宏观经济政策对企业经营管理的影响，20 世纪 80 年代中前期的美国无疑是最佳案例。

此外，关于里根经济学对行业的影响，还有两点不得不提：

第一，随着经济持续低迷，制造业大量解雇员工。之后虽然经济回暖，就业率仍然没有回到先前的水平。经济复苏带来就业增加，主要集中于服务业和金融业，与制造业关系不大。因此，经济危机在客观上促使美国的产业结构发生重大调整。

第二，伴随经济振兴，美国制造业并未盲目招聘人员，而是追求以技术带动生产力的提高。所以，尽管被经济危机打破雇佣关系，但是制造业顺势而为，转型走上技术创新之路[21]。

20 世纪 80 年代中前期的半导体行业

1970 年，世界半导体市场的规模约为 8700 亿日元，1980 年达 3.5 万亿日元，足足是 1970 年的 4 倍多。基于行业生产效率提高、产品性能提升，以及外形更为小巧的需求，半导体，尤其是集成电路，已经成为制造业必不可少的部件，被广泛运用于各类新型产品的生产和加工。

不过，从全球市场来看，美国仍是霸主。1980 年，日本的市场规模约为全世界的 1/4，而美国的占比则超过一半。而且，美国拥有专业生产和销售半导体的制造商，他们在美国市场的优势地位依然牢不可破。

相比之下，生产消费类电子产品的综合电机制造商则是日本市场的主角。因为 CD、录像机、电视游戏等新产品均离不开集成电路，半导体的研发主要面向这些产品。所以，从行业结构来看，日、美两国明显有别。

1975 年至 20 世纪 80 年代初，世界排名前三的半导体供应商始终是德州仪器、摩托罗拉和飞利浦，日本制造商甚至未能挤进前十名。原因还是在于日本的行业特色——虽然日本各家综合电机制造商都设有半导体部门，但终究只是为了满足自身需求，投入难免有限。此外值得一提的是，相比于日企自产自销，美国的集成电路大多用于军事。

综上所述，20世纪80年代初，美国制造商在全球市场独占鳌头，而日本企业占比有限也就不难理解了。而且，美国生产的集成电路主要服务于军事，所以20世纪80年代中后期，日本侵占美国市场的行为自然会被上升为美国国家安全问题。

日本"超大规模集成电路计划"大获成功，这对美国半导体行业打击不小。鉴于日本半导体制造商纷纷采用最先进的制造工艺，实现存储器扩容，有识之士呼吁，美国应当认同并效仿日本发展半导体行业的模式。美国半导体产业协会（简称SIA）由此成立，行业精英积极向政府提交对日本"超大规模集成电路计划"的研究报告，倡导半导体行业的"产官学"联动①。

另外，尽管合作研究的模式并不适用于美国，但是为了汇总各企业的研究成果并确立行业标准，以打造开放式架构为导向的成果普及活动也如火如荼地展开。如此有助于统一思想，明确新型技术的研发方向，继而引导产品需求。

以英特尔公司16位微处理器为例。它于1978年问世，由于完全对外开放，到1982年时已被用于IBM公司旗下的计算机。于是，其他公司与IBM计算机互通的产品也纷纷装上微处理器。

在日本，集成电路在录像机、CD等领域大显身手，借助民用产品

---

① "产"是指企业，"官"是指政府，"学"是指学术界。一般认为，日本半导体技术取得巨大优势、战后经济起飞，产、官、学结合的体制发挥了至关重要的作用。——译者注

研发的东风发展壮大。由于计算机在美国流行，以及新型手机在欧洲兴起，欧美市场急需高性能的集成电路。举例来说，具备更高存储性能的"动态随机存取存储器"（DRAM）在美国计算机市场颇受欢迎。而且，日本厂商的供应能力远超美国本土企业，因此日系产品在美国半导体市场占据极大比例。

以 64K 的 DRAM 为例。1981 年，日本企业在美国市场的占有率已经超过本土制造商，美国半导体行业由此衰落。1983 年，日本 64K 的 DRAM 产量甚至达到全球供应量的 70%。从 20 世纪 80 年代中期开始，自感望尘莫及的摩托罗拉公司、美国国家半导体公司、英特尔公司等相继退出该领域的竞争。

凭借"超大规模集成电路计划"带来的先进设计和工艺，加之日本制造物美价廉、保证交期的传统特色，日本的半导体产品席卷美国市场也在情理之中。

日本半导体行业的势如破竹与美国制造商的节节败退形成鲜明对比。美国半导体行业遭受巨大冲击，举国上下无不对此投来关注的目光。

1981 年《财富》杂志 3 月号刊发表《日本半导体的挑战》，直言美国 DRAM 的研发及生产已经落后于日本。鉴于半导体已经成为计算机行业的核心部件，这篇文章也为美国人敲响了警钟。此后，这类呼吁美国对日本保持警惕的报道可谓铺天盖地。1983 年，《商业周刊》发表《芯片战争——来自日本的威胁》，字里行间无不对日本充满敌意。

当然，媒体口诛笔伐的背后是美国半导体业界的推波助澜。国民情绪逐渐被舆论煽动起来，国会也开始有所行动。于是，继钢铁和汽车之后，日、美半导体行业的贸易战由此拉开大幕。1983 年 2 月，美国众议院筹款委员会贸易小组就半导体贸易问题召开听证会。与此同时，美国半导体产业协会也在酝酿起诉日本。

其实，为了稳妥起见，日本政府曾经知会美国政府，询问如何避免半导体出口被界定为倾销。不过，协商的结果与美国的预期，即日本实施自愿出口限制，相去甚远。

1984 年，美国国会通过《半导体芯片保护法》。该法案以保护半导体的电路配置为目标，同时确立对集成电路的知识产权保护体系，为日本使用美国的基础研究成果设置障碍。

恰在此时，"硅周期"[①]的概念逐渐为世人所知。随着计算机的普及，存储器越来越供不应求，价格也因此水涨船高。为了扩大生产，需要加大设备投资。但是，在投资设备取得成果——生产能力得以提高之前，使用该类型计算机的需求因为技术的更新换代而下降。于是，存储器的价格一落千丈，相应地，生产出现赤字。20 世纪 80 年代中期，日本在 DRAM 领域天下无敌，美国制造商纷纷退场，多少也是基于对"硅周期"的顾虑。但在掌权者看来，这可是攸关国家安全的重大问题。

---

① 历史上的半导体行业更容易受周期性的繁荣与衰退的影响，常态表现为"硅周期"。每隔 3~4 年，半导体市场在景气和低迷之间转换。——译者注

决定命运的 1985 年

在里根上台的 1981 年，美国的贸易赤字已达 397 亿美元，此后更是连年猛增，1982 年至 1984 年的赤字分别为 427 亿美元、694 亿美元、1233 亿美元。

然而，从 1981 年 11 月开始，美国经济重回正轨，并且迎来战后最长的繁荣时期。在此期间，制造业并未增加雇员，而是以高科技带动生产力的提高。因此，高科技成为美国经济振兴的希望之星，以集成电路为核心的半导体行业无疑最受瞩目。而且，日本在该领域奋发图强、紧追不舍，美国感到压力倍增。

1984 年，由于美国贸易赤字日益扩大，与日本的贸易摩擦初现端倪。不过，直到 1985 年该贸易问题上升到政治层面，两国的贸易战才真正打响[22]。

美国总统里根与日本首相中曾根康弘私交甚笃，两人常以"罗恩"

（Ron）和"亚苏"（Yasu）相称①。

1984 年，里根再度迎来大选，白宫上下无一不是"戴着玫瑰色的眼镜"。经济长期繁荣，国民颇有积蓄，消费随心所欲……如此国泰民安、歌舞升平，试问谁能成为里根的对手？而且，里根的竞选团队在宣传时也对贸易赤字、行业技术与竞争力下滑等问题只字不提。不过，1984 年11 月，大选尘埃落定，积极解决问题才是正道，而且事不宜迟。

1985 年 1 月 2 日，里根与中曾根康弘于洛杉矶举行首脑会谈。名义上是庆祝双双连任成功、自由交换意见，实际上里根是希望借此良机商议如何应对贸易赤字问题。这次会晤也催生出新的谈判模式，即"市场导向型的多领域谈判方案"（简称 MOSS 谈判）。

当时，正值"日本第一"的宣传铺天盖地。为了避免尴尬和紧张，日本反过来顾虑美国的感受，这样的情形也是难得一见。

MOSS 谈判之所以"新颖"，是因为此前两国的贸易谈判是自下而上推进，最后由高层一锤定音。而这回恰恰相反，两国领导人首先指明问题，提出解决方向（日本市场进一步放开电信、电子技术等四个领域），然后再协商细节[23]。虽然这是中曾根康弘喜欢的"高层直接对话"，却也使两国的贸易摩擦达到前所未有的紧张状态。

1985 年春，随着 MOSS 谈判的深入，两国的贸易摩擦达到了空前激烈的程度。

在四个领域中，美国对电信最为关注，限定日本邮政省②在 1985 年

---

① 罗恩是罗纳德的昵称，亚苏则是"康"的日语发音音译，因此二人的友情又被称为"罗康之交"。——译者注
② 2001 年 1 月，与总务厅和自治省合并成总务省。——译者注

3月末完成整改。这正好也是谈判结束的时间，因此美国两大权力中枢共同向日本施压。一头是以绝对优势连任成功、再无后顾之忧的里根政府，一头是希望能尽早解决贸易赤字问题的国会。双方暗中勾结，联手对付日本。

1985年6月，美国半导体制造商美光科技和美国半导体产业协会，先后向贸易代表办公室起诉日本。二者口径一致：日本政府扶持半导体行业的政策对美国制造商来说有失公平，要求根据《1984年贸易与关税法》第301条采取报复措施[24]。

里根政府非但没有为贸易摩擦降温，反而利用国内舆论胁迫日本开放市场。因此，在美国半导体业界看来，以相关法案起诉日本并无不妥。1985年正值日美贸易摩擦最激烈时，汽车自愿出口限制延期、MOSS谈判等一环接着一环。置身于政治旋涡之中，日本早已成为众矢之的，此时美国半导体业落井下石也不足为奇。何况他们的诉状似乎"理直气壮"：

"……日本从1975年实现半导体自由进口。不过，自那以后，美国产品在日本市场的份额（11%）几乎没有变化。确切地说，是没有任何提高。我们在欧洲市场的占比是55%，在除美、欧、日以外的市场也有46%，唯独在日本市场始终没能有所突破……

"……美国产品进军日本半导体市场会遭遇结构性壁垒……这些阻碍因素根植于日本政府以往的政策……此外，日本政府还会推出限制进口的措施。例如，在1974年以前，日本政府强制要求日本厂商采购本国生产的半导体……基于1982—1984年两国关于日本开放市场的谈判结果，该项举措得以废除。但在 1984—1985 年，半导体行业下滑，美国产品在日本的销量骤然减少……从这个结果来看，日本政府开放市场的努力付之东流……

"……显而易见，这是日本制造商相互串联所致……日本厂商和客户渊源颇深，加上各制造商合作研发的创新模式，无形之中把美国产品拒之门外……

"……某日本厂商最近在美国推广新品，专门要求各商店下调售价，确保比竞争对手的同类产品价格低 10%。如果这类价格战不能及时得到遏制，倾销现象很快就会蔓延至全球……

"……日本政府对当前市场放任不管，这显然违背 1983 年对美国的承诺（限制倾销及开放日本市场）……

"……因此，日本市场的壁垒不利于美国制造商'公平公正地参与市场竞争'。对照《1984 年贸易与关税法》第 301 条，这显然不合情理……"

基于上述原因，美国半导体产业协会要求里根政府实施以下救济措施：

1. 要求日本在短期内完成市场整顿，创造有利于美国产品的销售环境。至 1986 年，美国产品在日本市场的占比应该与日本产品在美国市场的份额相当。

2. 防止日本产品对美国市场潜在的倾销行为。

3. 为了达成上一条目标，总统应当组织谈判，取得日本政府的承诺。

4.日本政府的承诺包括：①对日本企业购买美国产品予以奖励；②在美国市场成立监察机构，预防日本半导体产品的倾销；③敦促日本公正交易委员会展开行动，审查日本制造商是否存在违反反垄断法的行为。

5.如果日本对上述措施表示为难，总统应当采取行动如下：①指示司法部对日本制造商展开反垄断调查；②向关税及贸易总协定起诉日本；③按美国反倾销法执行。

日美半导体谈判之路

综上所述，1985 年 6 月，美国半导体产业协会根据《1984 年贸易及关税法》第 301 条起诉日本。如今看来，当时日本业界的反应毫无迅速、敏锐可言，甚至可以说是迟钝。除了强调自身的行为并不构成倾销外，日本并无太多动作，也没有予以重视。毕竟，美国不少计算机厂商也在使用日本生产的集成电路。一旦实施限制，美国的损失会更大。

这份自负也是基于对自身技术能力的信心。站在日本的角度来看，美国半导体产品在日本市场碌碌无为完全是因为性能不佳，与贸易壁垒毫无关联。此外，日本在 64K 的 DRAM 领域几乎垄断全球半导体市场，针对 256K 的 DRAM 的研发也走在世界前列。

总之，出于对生产技术的绝对自信，日本坚持自由贸易的立场。更为关键的是，日本国内消费类电子行业蓬勃发展，大有席卷全球之势。既然需求有保障，自信之余自然安心。

不过，从另一个角度来说，日本多少有些掉以轻心，未能充分把握美国上下对半导体的重视程度。当时，虽然贸易战从钢铁、汽车等传统领域转到高科技行业的论调已经浮现[25]，但是，日本对半导体贸易摩擦的升级以及美国的政治影响力还是估计不足。

此外，值得一提的是，在经济实力超越美国的夸张宣传下，日本对美国过于谦让，导致日本业界蒙受巨大损失，半导体贸易问题从纯粹的行业问题延伸到经济及军事安全等领域……

1985 年，处于"硅周期"的美国半导体行业一蹶不振，在最先进的256K 的 DRAM 研发方面也被日本甩开，莫斯泰克公司（MOSTEK，1969 年由德州仪器的首席工程师离职后创建）和英特尔公司相继退出该领域的竞争。另外，美国将半导体视为决定未来产业结构的重中之重，加上由来已久的军需背景，半导体行业的衰落被视为危及国民经济和国家安全。

因此，半导体贸易摩擦已经不再局限于行业本身，而是关乎国运的"大战"。对此，日本业界似乎认识不足[26]。

在几番唇枪舌剑之后，《日美半导体协议》总算签订，却也产生了不少问题。

正如本节开篇所述，1985 年 6 月，美国半导体产业协会起诉日本，两国半导体贸易问题谈判由此展开。日本通产省 8 月与美国政府磋商，并于 10 月和 11 月两次组织日美专家的交流会。同年 12 月，美国商务部对日本 256K 的 DRAM 展开反倾销调查[27]。这是美国商务部第一次组织此类调查，美国以此向日本施压的动机一目了然。据说，由于贸易代表办公室意见不一，此事才交由商务部负责。

1986 年 7—8 月，在谈判进行一年之后，美国商务部组织协商双方签订和解协议。7 月 3 日，两国就"可擦除可编程只读存储器"（简称EPROM）签约。8 月 1 日，超过 256K 的 DRAM 也被移出反倾销调查的范围。基于这两项协议，"日本半导体制造商生产的 EPROM 和超过 256K 的 DRAM 不在限制之列，出口美国的价格可以高于商务部设定的指导价"。

但是，协议同时规定：为了保证遵守约定，日本制造商需向美国商务部提供必要信息（包括成本、利润、更换设备带来的成本浮动、报价等）。《朝日新闻》在刊登协议内容的同时做了补充说明："为了防止不在（美国商务部）反倾销调查之列的产品低价进口，日本同意建立'出口价格监控制度'。对于经其他国家和地区流入美国的日系产品，日本政府承诺采取相应措施防止发生倾销……[28]"

1986 年 9 月 2 日，《日美半导体协议》（含不对外公开的附件）正式签订。日本政府同意管控半导体产品的成本和价格，五年内把美国制造商在日本市场的份额从 11% 提到 20%。此外，协议中附有多项担保条款，如确定最低出口价格、扩大美国产品的进口等。

一些有识之士断言，如此严苛的贸易协议可谓史无前例。克莱德·普雷斯托维茨在其著作中反映了美方谈判心态，"20% 的比例，与其说是美国争取，倒不如说是日本相让。而且，只要通过行政干预便可实现"。日方的谈判策略因此备受质疑[29]。

《经济史漫步》是《日本经济新闻》的连载报道[30]。据记载，在半导体贸易问题谈判进入尾声时，通产大臣渡边美智雄和日本电子工业振兴协会会长关本忠弘（时任 NEC 董事长）曾有这么一段对话：

渡边："……照我说，美国产品的市场占有率就按 20% 的目标值办吧。政府这边也快顶不住了。"

关本："这……渡边大臣，我们只是想多生产、多卖出而已。"

渡边："……再这么执迷不悟的话，今后日美关系可怎么办？"

关本："好吧……不过，要恪守底线，不能一再退让。"

言下之意，市场占有率的目标值姑且接受，但是作为行业机密的价格构成绝不能对外公布。

当时，日本半导体行业广泛使用 DRAM，因此生产体系也以量产型存储器为主导。不过，这样的体系也存在几点问题。

第一，对应量产型存储器的安装往往采用流水线快速作业，具有极高的稼动率。而且生产往往走在需求的前面。一旦产量达到实际需求的 2 倍，成本就会下浮 30% 左右。所以，生产越多，成本越低，过度生产、低价甩卖的压力始终存在。

第二，"硅周期"周而复始。虽说有盛必有衰，但是流年不利、赔得血本无归的情形也屡见不鲜。换言之，盈亏极不稳定。

第三，随着产品的更新换代，行业利润区间逐渐缩小。由于技术日新月异，集成电路的生命周期越来越短。此外，优质产品的不断涌现对精细加工提出更高要求。虽然新技术层出不穷，成品率却不升反降，导致成本上升、芯片售价一落千丈。对量产型存储器的制造商来说，这样的行业结构注定盈利越来越难。

根据前文《日本经济新闻》的报道："……基于美国的要求，日本产品的售价不能低于协议规定的最低价……这理应不足为虑……但是，让政府官员和企业家意想不到的是，在研发和生产过程中，《日美半导体协议》的负面效应正在迅速发酵……前 NEC 半导体技术人员认为，

'当时，日本半导体行业的优势在于成品率高。为了提高成品率，无数技术人员呕心沥血。但是，最低价格被锁定之后，提高成品率似乎也就没有意义……'

"另一个负面效应在于，并非所有制造商都会遵守最低价格，如韩国和中国台湾就不受束缚。在 1986 年签订该协议时，全球半导体行业的主力军是日本和美国。两国以为联手就能稳定价格，却对三星电子和台积电的威胁估计不足……大批怀才不遇的日本技术人员出走海外……据前 NEC 雇员介绍，'抱着重新开始、一决高下的心态，不少同胞移居韩国、中国等地，对日本企业反戈一击……'"

恶劣的影响不止于此。基于前文的讲解，日本半导体行业越是量产存储器，利润就越少，自然无力投资专用集成电路（简称 ASIC）、微处理器等附加值更高的领域。相比之下，美国借助《日美半导体协议》提供的发展条件顺利脱身，全力以赴地进军这些领域。

美国的穷追猛打

这一纸协议给日本半导体行业戴上沉重的枷锁。不仅如此，美国对日本是否履约格外重视，试图延长协议期限。

在 1986 年 9 月 2 日签约[31] 之后，仅仅过了两个月，11 月 8 日，美国半导体产业协会就要求美国政府对日本实施制裁，理由是：日本在其他国家和地区存在倾销行为。日方强调本国制造商并无违约行为，而且在别国的市场占有率也比签约前下降了三四成。美国对此不以为然，甚至有企业宣称"掌握日本向其他国家和地区实施廉价出口的证据"，情节宛如谍战大片，手段却并不光彩，可怜日本冲电气公司（OKI）不幸落入圈套。

冲电气公司《日美在半导体协议》生效之前完成了对中国香港一家公司的收购并成立办事处，握有大批型号陈旧的库存品，而且不受出口限制和减产的影响。然后，另一家公司找上门来，以大宗采购为名要求办事处低价清仓。办事处的人不知有诈，而且认为交易的产品不在受限之列，于是向对方发去货单。总部在审核中发现问题，赶紧要求取消合同，但是为时已晚。作为日本违反《日美半导体协议》的"证据"，该货单被美国公之于众。如此处心积虑、精心布局，令人不寒而栗……

日立也有类似的经历，以下引用《朝日新闻》的报道[32]：

"……日立位于中国香港的零售店证实，某笔256K的DRAM业务被美国制造商举报有倾销之嫌……冲电气和日立接连被曝光，这显然是美国的阴谋，日本半导体业界一片风声鹤唳。根据调查，那家公司在与冲电气协商低价采购256K的DRAM的同时也找到日立，声称：'刚从某日本企业以每个1.7美元的价格收购一批256K的DRAM，但是远远不能满足需要。如果贵公司有货，我们可以长期合作……'于是，日立的零售店在从别处购得产品后又以低价转卖给该公司……"

美国业界极力栽赃"日本在其他国家和地区存在倾销行为"，国会对日保持强硬姿态，里根政府在首脑会谈时施压，要求不断调整贸易政策……日本政府疲于招架，只能让步。

但是，美国半导体产业协会无中生有的污蔑毫无道理可言。被称为"日本倾销地"的中国香港就是自由市场，无论以何种价格成交，均非日本企业可以左右的。鉴于全球半导体市场陷于"硅周期"的低谷，价格下降本身不足为奇。此外，美国方面设置圈套、请君入瓮的意图昭然若揭。而且，日本后来调查发现，真正在中国香港市场内倾销的反而是美国制造商。

然而，美国国会对此视若无睹，坚定地认为日本违反了协议，大有兴师问罪之势。先是1987年3月19日参议院大会，后是3月25日众议院大会，要求里根政府对日本采取报复措施的决议均获得通过[33]。3月26日，改任财政部部长的詹姆斯·贝克主持召开"经济政策内部会议"，劝说总统基于《1984 年贸易及关税法》第 301 条对日本实施报复性关税。

既然是内部会议，为什么会对外公开？所谓"劝说总统"的做法也值得玩味。显而易见，美国国会和政府这一系列动作旨在为 4 月下旬里根与中曾根康弘的会晤造势，以便向日本施压。素来重视"罗康之交"的日本政府背负着巨大的压力，对美国抛来的球也不敢不接。

正是抓住了日本的这个心理，里根政府于 3 月 27 日宣布：鉴于日本违反《日美半导体协议》、电子产品已给全世界带来巨额损失，因此美国要向日本索赔 3 亿美元，并对相关产品加收 100% 关税。

根据《朝日新闻》的报道[34]：

"……贸易代表克莱顿·尤特特别说明……关于 3 亿美元的依据，一半是对日本在其他国家和地区倾销的罚款，一半是对美国产品在日本市场销量惨淡的补偿。实施 100% 加收关税的对象包括：空调、冰箱、计算机、光驱、发动机、商业卫星、电视、电子仪表、计算机磁带……问题在于，与半导体毫无关联的计算机磁带也被牵连其中。"

4 月 17 日，美国再次发表声明，正式对计算机、电视和电动工具加收关税。继续引用《朝日新闻》的报道如下[35]：

"……对计算机、电视和电动工具征收 100% 关税……美国单方面大幅提高关税，这在战后日美贸易史上还是头一回……这三类产品在美国国内不乏替代者，从日本以外地区进口的渠道也被切断，可以有效保护美国的消费者和制造商……

"但是，好不容易才站稳脚跟的日本计算机制造商对此痛心疾首……连与半导体无关的电动工具也被列为制裁对象，这说明部分美国半导体制造商也在生产此类产品……"

对此，《读卖新闻》给出了自身的解读[36]：

"如果日本的半导体出口确实存在倾销行为，为什么不对半导体征收报复性关税？……半导体出口受阻势必会让日本损失惨重，但是，考虑到日本256K的DRAM在全球市场占比约90%，一旦限制进口这些产品，也会让IBM等美国用户头痛不已……因此，虽然一切因半导体而起，但是美国政府不便将矛头对准半导体本身……

"既然如此，为什么计算机又在限制之列？……虽然制裁对象从最初的14类减到3类，但是显而易见，这些都是日本具有优势的产品。如果不能保护整个电子行业，美国制造商终究不能高枕无忧……

"美国的半导体产业由各制造商组成，日本则是从综合电机制造商研发家电、电信、计算机的时候衍生而来的。因此，在两国代表谈判时，日本的产业结构也遭到了猛烈的抨击：'就算半导体业务受损，只要其他部门盈利即可，难怪频频降价、有恃无恐。'据说，甚至有美国企业向贸易代表办公室建议：有针对性地列出制裁对象，重点打击日本的顶级电机制造商……"

综观整篇报道，尤其是结尾部分，不难看出，这才是美国业界推动签订《日美半导体协议》的真正用意。

让日本成为唯一输家

美国对日本的履约情况可以说是吹毛求疵，一旦日本存在违约行为，便会引起轩然大波。"言出必行，注重契约精神"，这是美国冠冕堂皇的说辞。对日本来说，真正的压力和波折还是来自签约之后，具体表现为两个方面。

第一，美国始终怀疑日本经其他国家和地区向美国倾销。

美国半导体产业协会声称掌握部分日企"违反协议的证据"，据此对计算机、电视和电动工具征收 100% 关税。美国如此管控价格和数量，从本质来说就有违自由贸易的精神。"大局为重、维护和发展两国友好关系"的说辞确实动听，也将自身的问题撇得一干二净。不过，当时日本政府却无人对此表示质疑。

美国把集成电路视为本国产业发展的希望，同时为了保证军事领域的优势地位，绝不允许日本走在前面[37]。而且，分析索赔 3 亿美元的制裁措施，尤其是贸易代表尤特的说辞，相比于"在其他国家和地区倾销"，"（美国）自身产品在日本市场销量惨淡"无疑更让美国关注。事实上，在关税及贸易总协定大会等场合，美国攻击日本违反自由贸易精神的主要论据也是后者。

因此，20世纪90年代中前期，当美国频频叫嚣"既然不能履约，当初就不该签字"时，日本业界以批判的眼光看待才是正确态度。遗憾的是，当时日本国内媒体的报道侧重于美国的说辞，即"在其他国家和地区倾销"，强调美国为此蒙受损失。如果把重心放在本国应有的态度上，或许就会联合声讨这种不公了吧？

仔细想来，日本媒体之所以避重就轻也是权衡利弊的结果。如果强调自身应有的态度，无异于煽动日美关系对立，也有批判日本政府的嫌疑，容易引火烧身。

第二，《日美半导体协议》签订之后，美国频频指责日本没有信守诺言，尤其是美国产品在日本的市场占有率迟迟未能提高到20%。这种"管理贸易"[①]性质的条款对日本来说无疑是步步紧逼，而且"说到就要做到"的美式价值观未免过于霸道。

如果任凭市场自主发展，实现占有率20%的目标就遥遥无期，所以美国只能连续对日本施压。里根与中曾根康弘频频会晤也给美国以可乘之机。日本贸易部门组织两国首脑会谈是为了缓解来自美国的压力，会后的结论却是以行政干预迫使日本企业购入更多的美国产品，完全背离了谈判的初衷。

虽说以大局为重，日方谈判代表想必依然不失信心，坚信本国半导体产业的竞争力仍在美国之上。抚今追昔（"日之丸半导体"[②]的衰

---

① 管理贸易是介于自由贸易和保护贸易之间的对外贸易政策。——译者注
② 日本国内唯一一家DRAM制造商。——译者注

落、《日美半导体协议》、让日本倍感压力的管理贸易等），当年通产省负责审议的官员依然认为："日本的半导体实力明显超过美国，位居全球首位。对美国的现状应当予以理解和支持，这也决定谈判的基调。"日本自身的优越感难以掩饰，以两国政治问题为先的心态显而易见。

然而，把美国产品的市场占有率提至20%并非易事。为了满足美方的要求，日方竭尽所能。在政府的引导下，日本业界召开研讨会，加快引进国外半导体产品，确立扩大进口的方案，组建半导体交流中心……

为了完成这个政治任务，某些企业尽管并不情愿，也仍然推出奖励措施，鼓励引进美国产品。乱象时有发生，而20%的目标依然遥不可及。由于日本迟迟未能兑现承诺，以至于在其他领域协商时陷入极为被动的境地，如被迫采购美国的超级计算机（详见第6章）。

半导体协议使美国成功避开日本擅长的存储器，而且让日本难以施展拳脚，或者说把日本局限在集成电路领域，以便美国全力以赴地投身于微处理器等逻辑电路①的研发。向业界透露战略决策，彼此协同作战，这也是美国的拿手好戏。日本轻易上钩，加之既得利益者难以放弃DRAM，导致日本在逻辑电路领域彻底被美国甩开。

即便在风光无限的存储器领域，由于受到协议中"最低价格"的约束，日本在与韩国、中国台湾的竞争中败下阵来，曾经的世界第一逐渐

---

① 逻辑电路是以二进制为原理、实现数字信号逻辑运算和操作的电路，在电子数字计算机中被大量运用。——译者注

落于人后。得益于美国产官学联动的"半导体制造技术"项目，韩国和中国台湾的制造商纷纷从美国引进尖端技术，迅速崛起。

若论限制竞争的协议给日本产业带来的负面影响，《日美半导体协议》无疑最为恶劣。

难以解开的"脚镣"

事后回顾该协议的影响，可以说日本彻底落入了美国的圈套。但是，美国在谈判之前未必有十足的把握。精心布局、引导对手，最后走到这一步殊为不易。如果否认阴谋论，认定美国只是见机行事，似乎也并无不妥。毕竟，每个国家谈判时坚持维护本国企业的利益无可厚非，尊重契约精神，协议生效后采取一切手段维护自身权利是放之四海而皆准的道理。既然履约效果显著，试图延长期限也合乎情理。如此说来，日本最后落得这个结局只能说是自己太过天真，美国只是贯彻自身的立场。

1991 年，《日美半导体协议》期满，美国产品在日本市场的占有率依然不足 20%。美国半导体产业协会对此早有预见，因此，在 1990 年10 月便向总统老布什建议延长协议期限。另一边，日本为了防止美国以这个借口要求延期，想方设法地提高美国产品在日本的市场占有率。如果目标值不能达成，协议延期在所难免，恐怕还会受到美国的追加制裁。然而，纵使日方拼尽全力，结果还是不能如愿。

据此，1991 年 1 月，老布什政府正式向日本提出延长《日美半导体协议》的期限。2月，美方进一步指出，把原本在附件中出现的"20%占有率"的目标明确写入补充协议的正文。

由于此前早已默认该条款的存在，加之为实现该目标竭尽所能，此时的日本自然无力驳回美方的要求。更何况，美国依然保持不时施压的姿态。美国半导体产业协会会长威尔弗雷德·科里根宣称，既然日本没有达成既定目标，美国理应追加制裁。美国政府和企业再度联手出击，日方代表倍感压力。

适逢第一次海湾战争爆发，《日美半导体协议》的延期谈判不可避免地被时局左右。1990年8月，时任伊拉克总统的萨达姆·侯赛因出兵科威特。1991年1月，美国借此之名，称"为了维护国际和平，日本应该做出相应贡献"，这让日方在谈判时背上了新的压力。具体来说，就是当时以美国为核心组建的多国部队军事行动所需军费总计611亿美元，美国要求日本承担130亿美元。在此背景之下，如何推动半导体协议的谈判进程，日方高层及谈判代表想必绞尽脑汁。

虽然保证美国产品的市场占有率让日本感到切肤之痛，但此时已经难以脱身。事到如今，再提该做法违背关税及贸易总协定的宗旨显然为时已晚。当初承诺的20%市场占有率未能兑现，海湾战争又给日本凭空增加负担……为此，时任首相的海部俊树也与老布什总统展开会晤，但日本的谈判余地已经越来越小。

1991年6月，双方签署了补充协议，期限延长五年，至1996年结束。在日方的争取下，协议还增添了一些内容：

"……美国半导体业界希望，至1992年年末，美国产品在日本市场的占有率超过 20%，日本政府认可并期待该目标可以实现……"

此处只是点评此前协议的内容，证实协议延期，而日方的努力主要体现在以下文字中：

"前文并不代表对市场占有率做出承诺，两国政府也同意不设置最高值和最低值目标……"

如此一来，无论是"实现美国业界的期待"，还是"为实现这个期待而引导日本业界"，日本政府均做模糊处理[38]。

不管怎么说，《日美半导体协议》签订的十年，全球半导体业界可谓风云变幻。

美国产官学联动的 SEMATIC 项目也是硕果累累。例如，全球最大的半导体生产设备制造商——美国应用材料公司的问世就是得益于该项目。

在世界半导体供应商排行榜中，此前名列前茅的日本制造商集体掉队。由于协议中限定了最低价格，日系产品的成品率悄然下降，面对韩国和中国台湾等竞争对手也毫无价格优势。

在第一次协议期限内（1986—1991 年），美国产品在日本市场的占有率始终没有达到 20%。不过，该目标在 1992 年得以实现。而且，在第二次协议期限内乃至期满之后，美国产品的占比持续上升，至 21 世纪初甚至超过 40%。

再者，基于协议的管理条款，日本半导体业界的设计和生产技术也被传至美国乃至韩国、中国台湾等。

此外，在协议期限内，日本制造商终究没有摆脱 DRAM 的生产体系。由于"硅周期"周而复始，对微处理器等领域兴趣寥寥，日本把机会拱手让给了美国。有识之士目睹本国半导体产业节节败退，无不义愤填膺。

最后，补充协议的终止也比预想中棘手得多。反过来也证明美国通过协议大肆渔利，不肯轻易放手。

"日本制造"的魔力不复存在

以下引自《**产经新闻**》³⁹ 的报道：

"……《日美半导体协议》使得日之丸的竞争力逐步下滑。日本制造商虽然抱有危机意识，但是终究安于 DRAM 席卷全球的现状，缺乏长远规划。当十年协议期满后，1996 年的日本半导体产业已经落后于时代……

"……当初，美国希望日本制造商公布价格构成……日立的半导体业务负责人牧本次生回复说：'如果失去定价权，就毫无自由可言。'……开放日本市场也是，政府将此作为'重中之重'，给各企业采购国外产品设置目标值……

"……为了使日之丸东山再起，就必须废除这个'不平等条约'……1996 年 7—8 月，两国业界于加拿大温哥华商议终止协议。虽然谈判甚为艰难，但是最终达成了共识。参加谈判的牧本次生表示，'美国签订半导体协议的初始目标几乎全部实现了，而对日本来说，这场屈辱的战争总算因为协议的终止而结束'……"

1996 年 7 月，基于日美半导体业界谈判的结果，两国同意终止政府间的协议。同时，为了防止倾销，日本电子工业协会和美国半导体产业协会的成员自愿组建"半导体国际合作组织"。

在两国业界的倡导下，1997 年，由欧洲、韩国、中国等国家和地区参与的世界半导体大会开幕。至此，日美政府之间的半导体协议正式被网罗全球主要半导体产业协会的民间组织取代。

继续引用《产经新闻》的报道：

"……在《日美半导体协议》期限内，半导体行业兴起了新的潮流：美国倾力研发微处理器，专门从事半导体设计和研发的公司问世；日后以代工业务享誉全球的台积电崭露头角……美国放弃已经量产化的 DRAM 领域，转而研究新型产品。依托综合电机制造商生产和研发半导体的垂直模式已经不合时宜，平行分工才是时代主流……

"……面对新的形势，日本反应相当迟钝……虽然在存储器领域取得空前成功，但是缺乏长远发展的规划……日本政府对是否扶持日之丸也犹豫不决。'政企一家'的模式原本是日本崛起、领先世界的关键。但是，美国将此定义为'官民勾结'，并依据《1984 年贸易及关税法》第 301 条与日本签订《日美半导体协议》。日本政府和企业仿佛失去了思考能力。到 1989 年前后，'日本制造'的魔力不复存在……"

05 从行业之争到经济结构差异

《日美结构问题协议》与《日美综合经济协议》

经济结构的差异性正是问题所在

20 世纪 70 年代以来，日本经济突飞猛进，势必与身为经济霸主的美国在各领域分庭抗礼，前文所述的钢铁、汽车、半导体等行业的倾轧便是例子。钢铁行业是当时的产业支柱，日美之间的竞争集中在 B2B 领域。与之相对，汽车行业是 B2C 的大战。作为高科技产业的半导体最为特殊，而且双方的较量也有国家安全层面的考虑。如此明争暗斗，贸易摩擦自然在所难免。在整个二十世纪七八十年代，日美之间的贸易战堪称时代主流。

当然，摩擦频繁且日趋明显也在情理之中。主要挑起方是技术被逐渐赶超的美国，而身为追赶方的日本被迫迎战。

纵观历史，20 世纪 90 年代的摩擦升级涉及范围更广，与以往大为不同。具体来说，争议已经跳出行业的范畴，直指双方的经济结构。为了解决此类问题，探讨新的框架协议势在必行。本章主要讲解两个协议：一是在共和党老布什任期内签订的《日美结构问题协议》（简称 SII）；二是在民主党克林顿执政时期签订的《日美综合经济协议》。

从 20 世纪 80 年代中后期至 90 年代中前期，日美贸易问题已经不再限于对个别行业的整顿，而是上升到对整体经济结构的调整。这也是两次协议签订的焦点。原因在于，美国的对日贸易逆差越拉越大，已经无法坐视不理。虽然贸易赤字主要发生在汽车行业，但这并不意味着只要改变汽车贸易的模式便可化解危机，两国政府都无法把谈判局限于某一行业。

从微观经济的角度来看，美国的贸易逆差源自国内储蓄不足、大量资金流向海外，资金和服务的短缺也在情理之中。为了解决这个问题，需要从三个方面着手：

第一，调整美国国内的经济结构，即抑制国内消费、增加存款，使投资集中在国内。简言之，就是改变美国的经济结构，采取措施抑制进口。

第二，增加美国自身的出口。为此，贸易伙伴尤其是日本更不能拒绝从美国进口商品。

美国身为自由主义阵营的盟主、资本主义世界最大的靠山，在"二战"结束以后秉持的是自由贸易的立场。当然，自由贸易对于掌握巨大产业优势的美国大有裨益。因此，有评论指出，美国奉行自由主义终究只是为了一己之私。

第三，为了坚持自由贸易，即便面临经济危机，也不能封锁本国市场、限制进口。

美国始终保持这样的姿态，并且不断向全球市场灌输自己的理论和准则。美国基于这个立场，无论国内经济如何举步维艰，也迟迟不愿采用限制进口的方式振兴经济。自由主义逐渐上升到政治层面，与之相对的保护主义就被打上了"政治不正确"的标签。所以，即便美国的产业竞争力不断下滑、贸易赤字越来越大，在政治层面上依然极力回避保护主义。

在 20 世纪 80 年代，里根和老布什掌权的时期，美国依然不愿意降下自由主义的大旗，改用限制进口的保护主义政策，而是倾向于打压别国以救济本国产业。为此，要求日本承担责任、实施自愿出口限制的舆论较为常见。这也符合里根和老布什政府的执政理念，即强调市场自主调节，淡化且尽量避免政府介入。于是，美国的政治环境始终弥漫着这股风气。

值得一提的是，美国国会也倾向于此。国会本就不具备行政能力，主要通过立法等行为指明方向，之后具体行动由政府实施，国会的作用基本到此为止。综上所述，与其自己费心费力，美国更愿意让日本解决问题。国会及政府在对日施压、增税等方面总是出奇地一致。

如此一来，面对两国贸易的失衡，美国采取的措施便是逼迫日本改革经济结构，从美国的角度来看所谓"日本出口过剩"的局面。这一招颇有将自身问题转嫁给日本的意味。

基于第二点和第三点的政治导向，针对日本的贸易谈判就此展开。前有 1989 年共和党老布什政府的《日美结构问题协议》，后有 1993 年民主党克林顿政府的《日美综合经济协议》。

日本难以对抗美国的压力，最终同意谈判《日美结构问题协议》。鉴于国内对日强硬的政治氛围，美国在 1988 年通过《1988 年综合贸易与竞争法》，启动了"超级 301 条款"①。日本希望借谈判的机会探索不受"超级 301 条款"约束的新型贸易谈判策略，同时改变受制于人的被动局面，争取也对美国提出要求。

在此期间，国际贸易准则的变更不能不提。正如前几章提到的纺织品、钢铁、汽车等行业案例，在 20 世纪 80 年代，关税及贸易总协定默许贸易国自愿出口限制。之后，国际贸易准则发生变更，自愿出口限制也被否决 [1]。

在此之前，但凡遇上贸易摩擦，美国业界就会一片沸腾，要求按照贸易法起诉日本。与此同时，美国国会也会认定贸易国的出口有失公平。见风使舵的议员正式提交对日手段强硬的法案，然后国会装模作样地展开审议。无论是对美国还是日本而言，美国国会受理本身就给争议不断的贸易摩擦带来莫大压力，里根执政时期对日美汽车贸易问题的交涉堪称其中的典型。

值得一提的是，议员单纯的政治作秀与基于选举方针而表明立场的正式提案截然不同，需要区别看待。

以建立新制度、新法规为噱头的作秀，主要目的在于彰显自身的威望和权势。议员大多象征性地提交法案，对结果未必在意。假如代表选民的呼声旨在立法及实施，则通过法案才是议员的目标。因此，需要字斟句酌地整理文书，然后提交国会正式讨论。相比之下，美国议员提交对日手段强硬的法案大多并非为了通过或者实施，作为单纯的作秀来看

---

① "超级 301 条款"是广义的"301 条款"的一种，该条款始见于美国《1974 年贸易改革法》第 301 条，《1988 年综合贸易与竞争法》第 1302 条对其内容进行了补充。其目的是让其他国家接受美国的国际贸易准则，以此维护美国的利益。——译者注

也未尝不可。因此，这只是一种向日本施压的姿态，便于按照美国的利益展开谈判。

无论如何，由于美国国会故作这番政治意味极强的姿态，个别行业的摩擦也被上升为国家问题，而且往往以日本实行自愿出口限制告终。

此举可谓屡试不爽。但到了20世纪90年代，美国突然失去这个为所欲为的倚仗。在关税及贸易总协定转化为世界贸易组织（简称WTO）后，美国《1984年贸易与关税法》第301条规定的单方面措施就此废除。而且，基于保障条款衍生的自愿出口限制也被世界贸易组织否决。

从关税及贸易总协定到世界贸易组织

至 20 世纪 80 年代中期，日美贸易之争趋于常态。美国往往先限制日本产品的进口，然后要求日本自愿限制对美国的出口，纺织品、钢铁、汽车等行业都是如此。

《关税及贸易总协定》是"二战"后为解决复杂的国际经济问题，特别是制定国际贸易政策而形成的，之后逐渐成为国际贸易新准则。

作为《关税及贸易总协定》的灰色地带，自愿出口限制为什么频频被各国采用？要解答这个问题，首先需要了解《关税及贸易总协定》与自愿出口限制的关系[2]。

根据《关税及贸易总协定》第 11 条，各成员国原则上禁止限制进出口产品的数量。而且，在第 1 条和第 13 条中也有明文规定，如一国因特殊情况而采取限制，应当无条件给予其他成员国对等的待遇。此外，第 10 条明确规定：为了排除暗箱操作，作为例外的行政手段需要接受司法审查。

虽然条款严格，力求确保自由、多元和无差别的贸易，但考虑到实际情况，还是需要限制进出口数量。为此特意加入第 19 条保障措施，也就是免责条款——若因遵守《关税及贸易总协定》导致进口数量急剧增加，从而对本国同类产品的企业及行业带来巨大冲击，或者可能存在此类风险，作为对该成员国的救济手段，有必要采取例外措施。具体来说，在必要时期，成员国可以根据实际情况限制进口数量和提高关税，以额外的税收保护自己。

该条款原本不能被某一特定国家采用，因为第 1 条和第 13 条已经明确约定：各成员国一律平等。但是，完全没有差别其实很难做到。

始料未及的状况时有发生。如前文所说，因为遵守《关税及贸易总协定》的准则使得进口激增，造成本国市场动荡等。因此，一旦情况有变，如果没有第 19 条的保护，进口国的掌权者也就无能为力。夹在国内市场恶化与遵守《关税及贸易总协定》之间，寻找条款的漏洞也是无奈之举，久而久之就衍生为自愿出口限制的手段。

为了方便读者理解这个灰色地带，还是以日美贸易为例，具体讲解**自愿出口限制的三种类型**：

●第一种：美国国会审议对日手段强硬的法案，为了避免极端事态，日方应美方要求实行自愿出口限制。

●第二种：美国已经到了需要采取提高关税、限制进口等保障措施的地步，但是既要考虑"维持自由贸易"，又想要转嫁责任，便要求日本自愿限制出口。

●第三种：虽然形势尚未发展到需要启动保障条款的程度，不过为了避免贸易摩擦升级，美国主动提出谈判，说服日本限制出口数量及价格。

当然，自愿出口限制的具体实施并非易事，与贸易法、反垄断法等是否冲突也是问题。而且，《关税及贸易总协定》的灰色地带存在诸多隐患，也不利于维护国际贸易新秩序。从事实来看，《关税及贸易总协定》也在对此逐步收紧。

以贸易法为例，结合日本1981—1993年对汽车实施自愿出口限制的案例分析。

在卡特执政末期，由于国际贸易委员会驳回上诉，美国自然无法再以《1974年贸易改革法》的条款制裁日本。但是，国会向继任总统里根频频施压，之后日本（单方面）实施自愿出口限制。尽管进口限额有增有减，但该限制直到1993年才被废除。跨度长达11年，试问法律依据何在？除了总统的外交权限外，美国想必难以找出其他说辞。

再来分析贸易法的保障条款。《1974年贸易改革法》规定，救济原则上不超过五年（但可以延期三年），符合《关税及贸易总协定》第19条的精神。因此，从法理来说，即便日本的自愿出口限制符合保障条款，超出五年，算上三年延期，累计八年，也毫无道理。

既然美国无权要求八年以上的限期，超额部分自然就是日本"单方面"的行为。而且，虽然美国汽车行业确实受到冲击，总统基于国际贸易委员会的建议决定实施救济，但是，美国制造商是否积极应对挑战、救济措施是否给消费者造成损失，这才是总统需要斟酌的因素。

在日本将自愿出口限制延期三年后，美国国内市场依然惨淡，实在令人看不到希望。汽车售价也一路上涨，消费者无奈高价买入。而贸易法的存在也使美国有所顾虑。

因此，1986 年以后，根据里根的声明，美国不再要求日本限制出口，而是由日本"单方面"自愿实施。如此一来，既可以避免违背贸易法的精神，又可以把延长期限的责任甩给日本，美国政治的特色由此可见一斑。

尽管关税及贸易总协定对此默认，但在 1995 年改组成世界贸易组织后，一切彻底改变了。

世界贸易组织《关于争端解决规则与程序的谅解》（简称《争端解决谅解》）第 23 条规定，各国不得采取报复措施，而应该诉诸贸易纠纷解决程序。因此，美国贸易法 301 条款作为单方面行为的典型就此被废除，而基于第 11 条保障条款衍生的自愿出口限制干脆被世界贸易组织定义为非法[3]。

MOSS 谈判

步入 20 世纪 80 年代后，美国的贸易赤字，即对日贸易逆差日趋明显。个别产业纠纷不断，而两国产业结构乃至经济结构逐渐上升为贸易谈判的主题。

20 世纪 80 年代中期，日美针对个别产业频频磋商。问题虽然一时得到缓解，却也为之后再起波澜埋下了种子。单凭调整微观经济已经无法化解产业矛盾，因此，随着时间的推移，对问题的审视范围逐渐扩大，贸易谈判也从个别案例转向两国的结构调整。一般来说，进攻方（美国）比防守方（日本）更重视经济结构问题，要求也更为具体。不过，由于防守方能见招拆招，进攻方往往不知从何下手。

不管怎样，为缓和产业矛盾的谈判也蔓延至其他领域。而且，随着两国政府班子换届，日美贸易谈判也演变为个别产业问题与整体经济结构双管齐下的新模式。1985 年 1 月，日美首脑"市场导向型的多领域谈判方案"（MOSS 谈判）被视为新型谈判模式的开端。里根和中曾根康弘双双连任成功，可以毫无顾虑地交换意见。基于这个理由，两国首脑展开会晤并达成《MOSS 谈判协议》[4]。

里根政府为巨额贸易赤字所苦，在国会的煽风点火之下，强势要求日本进一步开放市场。对于经济增长势头迅猛的日本来说，为了改善两国关系，只能尽力予以满足。因此，这份协议以扩大日本市场为目标，日本基本是在被动接受美国的要求。

也有一种说法是，该谈判模式效仿了此前成立的日元美元委员会①，得到美国财政部部长唐纳德·里甘②的大力推崇。

此前日方坚称贸易赤字源自美国自身的经济政策和产业结构，最终却同意开放市场（等于承认日本市场确实封闭），可谓反差巨大。毫无疑问，日方的让步主要还是为美国考虑，或者说屈服于美国的压力。

基于《MOSS谈判协议》，日美双方约定协商电信、电子技术、医疗用品及设备、林业四个领域的市场开放问题。在里根政府看来，这些都是美国的强项，只是因为日本的产业结构问题而未能打开日本市场。

1986年1月，日美发表联合报告，公布谈判结果：

"……基于《MOSS谈判协议》……日本外务大臣安倍晋太郎与美国国务卿乔治·舒尔茨达成共识……积极、全方位地开放日本市场……为美国等外国企业带来新的市场机遇……日本扩大进口是双方共同努力的重要成果，也是宝贵的试金石……MOSS谈判有助于处理特定领域的问题，因此（二人）同意延续并发展这一模式……5"

---

① 1983年11月，经大藏大臣竹下登与美国财政部长唐纳德·里甘同意后创办，是协调日元、美元、利率、金融、资本市场等问题的特别小组。后来改称"日元美元委员会"，成为日美货币外交的核心平台。——译者注

② 唐纳德·托马斯·里甘（1918—2003），第66届美国财政部部长（1981—1985）。为了和当时的总统里根区别，在中国当时的文献中他一般被写作唐纳德·里甘，本书沿用这个写法。——译者注

这段文字意味深长。逐条展开各领域"已完成"或"计划实施"的事项，涉及不少细节，以联合报告中对电信的解释为例：

"……关于电信领域，以实现日本电信终端设备、无线通信设备、通信服务市场的自由化为目标，所有问题均在协商中得到解决，可谓成果显著……已完成事项如下……

"……电信终端设备方面：①接收供应商数据并贴上标签；②基于终端设备技术标准，精简设备'以防网络损坏'，只保留必要装置；③成立第三方检验机构，加强管理和监督；④所有终端设备都接受第三方检验机构的审查；⑤简化终端设备的检验手续……

"……电信服务市场方面：⑥撤销对第二类电信业务①的外资管制；⑦明确登录及传输的基本处理时间；⑧组织 ATM 线路点到点协议（简称 PPoA）研讨会，外资企业代表也可参加；⑨为第一类电信业务调用 Ku 波段②的美国通信卫星提供便利；⑩研究车载电话的技术标准，促成车载电话市场的自由化；⑪提供频率参数，方便美国便携式数据终端接入；⑫明确检验无线通信设备技术标准的基本处理时间……

"……其他方面：⑬成立类似美国德州仪器技术委员会的独立标准审核机构，审查含电信手册在内的全部文件；⑭驻日外企代表也可当选电信审查会及电信技术审查会的委员；⑮电信技术审查会对技术标准的

---

① 根据日本《电气通信事业法》的规定，日本的电信运营商分为两大类：第一类电信运营商利用自己的（自建或购买）电信基础设施为用户提供电信业务；第二类电信运营商通过向第一类电信运营商租用电信基础设施来为用户提供电信业务。——译者注

② Ku 波段是指比 IEEE 521-2002 标准下的 K 波段频率低的波段，KU 的频段通常下行从 10.7 到 12.75GHz，上行从 12.75 到 18.1GHz。主要用于卫星通信，特别是编辑和广播卫星电视，包括协调频段、规划频段和广播频段 3 个频段。——译者注

制定和修正必须公示；⑯成立特别委员会以审核未获通过的申请以及与电信业务法相关的投诉，由外务省官员主持，邮政省及美国驻日领馆人员参与……

"……今后计划事项如下：①关于未来的数码服务，第一类电信运营商提供的室内设备与传输服务应当建立协议关系；②第二类电信业务分为普通和特殊两类，登录及传输手续也应有所区分；③放宽对外商及全资外资机构的限制，允许建立无线电监测站；④接收供应商提供的技术合格证明及任意型号的检验资料，自觉贴上标签；⑤基于无线通信设备的技术标准，有效利用频率、避免信号混乱、减少不必要装置，以及成立类似美国德州仪器技术委员会的独立标准委员会。⑥保持无线电通信设备的中立性；⑦获取与技术标准及频率相关的资料，并开设窗口以便沟通交流；⑧吸收资质齐全的外国无线电运营商；⑨确立车载电话的技术标准及频率……

"……待定事项如下：①研究可能对贸易产生影响的采购模式；②明确日本政府对通信卫星使用的政策……"

以上是《MOSS 谈判协议》对电信部分的记录。电子技术、医疗用品及设备、林业这三个领域也是这般细致入微地展开协商，涉及规则和手续等多个方面。作为 MOSS 谈判的延伸，1986 年 5 月，汽车零部件也被纳入议程。

从 MOSS 谈判到《日美结构问题协议》

面对居高不下的贸易赤字，美国非但没有反思自身经济政策和产业结构的不足之处，反而归咎于日本所谓的封闭市场和迥异的生产习惯。

立足于电信、电子技术、医疗用品及设备、林业这四个领域的谈判成果，美国把此前悬而未决的汽车零部件问题也纳入协商范围。考虑到即便撤销进口限额、关税等措施，美国汽车零部件在日本市场的占比也难以上升。美方认为这是由两国产业结构、制度、业务模式的差异所致，因此希望日本政府在权限范围内予以解决。

另外，鉴于美国国会频频以"当地成分要求"刁难，日本也有意通过 MOSS 谈判解决问题。双方虽然同意磋商，心思却各不相同。而且，两国此前没有签订与汽车零部件有关的协议，实际上也不知从何谈起。为此，在谈判初期，双方专门就议题本身展开讨论[6]。

在美国看来，谈判的焦点无非两个：或是提高美国产品在日本市场的占有率，或是要求进军美国的日本企业加大对美国产品的采购。

按照美国的分析，后者更难被日本接受。何况日企打入美国市场可以拉动当地的就业，因此美国把谈判重心放在前者。日本则认为，政府干预值得商榷，或许反而不利于美国产品的引进。因此，日方代表主张：尊重汽车制造商和零部件供应商的业务习惯，政府不应介入，也难以干预。

随着谈判的推进，双方的焦点逐渐转到"日本如何扩大美国产品的进口"，主要涉及两个方面：日本独特的车检制度、汽车制造商和零部件供应商的合作模式。

基于 MOSS 谈判签订的《日美汽车及零部件协议》就双方协商的内容做出多项约定，但在"提高美国产品销量"这个最关键的部分，任凭美国使出浑身解数，也未能有所突破。出于类似蚍蜉撼树的无奈，美国痛定思痛。想必就是吸取了这时的教训，后来克林顿主导《日美综合经济协议》谈判时，才提出了前所未闻的目标值。

虽然 MOSS 谈判取得进展，但美国的对日贸易赤字仍在增加。里根政府逐渐意识到，局限于某个产业的谈判不足以彻底解决问题，两国宏观经济结构的差异性是导致问题的根源。因此，1986 年 4 月，国务卿舒尔茨与外务大臣安倍晋太郎同意就两国结构问题展开交流。

1986 年 10 月、1987 年 3 月和 10 月、1988 年 4 月和 10 月，双方就结构问题多次磋商。其间，两国还于 1987 年 8 月敲定 MOSS 谈判的最终报告。1989 年 7 月，时任首相宇野宗佑与老布什会晤，两国展开《日美结构问题协议》的谈判，在关注宏观经济的同时也对个别产业进行协商[7]。

日本起初未必赞成宏观与微观并行的谈判方式。在日方看来，美国的贸易赤字源自需求过剩。如果不能拨乱反正，就无法从根本上解决问题。

然而，结果还是日本低头。随着美国贸易赤字越来越多、日本经济蒸蒸日上，国会始终对日本保持强硬姿态。在《1988 年综合贸易与竞争法》获得通过后，国会要求老布什政府动用"超级 301 条款"的呼声越来越高。于是，老布什政府向日本建议就结构问题展开谈判，寻求不受"超级 301 条款"束缚的办法。

基于美国的提议，日本也有权提出要求。于是，从 1989 年 9 月至 1990 年 6 月，两国先后组织 5 次谈判。美方提出 6 项内容，涉及储蓄和投资模式、土地使用、流通、排他性交易、系列关系、价格机制。日方则抛出 8 项议题，包括储蓄和投资模式、企业的投资活动及生产力、强化美国的竞争力、企业行为、政府管制、研究开发、振兴出口、劳动力的教育与训练。

在 1990 年 6 月第五次会谈后，《日美结构问题协议》正式公布。为了跟踪实施效果，两国约定，第一年召开三次会议，之后每隔两年会谈一次。而且，整个实施及监督过程都被记录在 1991 年 5 月的第一次报告和 1992 年 7 月的第二次报告中。

从结果来看，《日美结构问题协议》有效调动了两国多个政府部门。从最初的谈判代表来看，日方以外务审议官为核心，辅以大藏省①的财务官员和通产省的通产审议官；美方则从贸易部、财政部和商务部中各选派一人。

随着谈判的深入，由于美国提出的问题涉及诸多领域，日方劳动

---

① 大藏省是日本自明治维新后直到 2000 年期间存在的中央政府财政机关，主管日本财政、金融、税收。2001 年 1 月 6 日，日本中央省厅重新编制，将大藏省改制为财务省和金融厅，主要负责银行监管。——译者注

省、法务省、公正交易委员会等纷纷上阵。最后，出于统筹调度的需要，首相办公室也被卷入其中[8]。

审视整个谈判的过程，两国也不乏内部掣肘的现象。在《日美金融谈判的真相》一书中，曾任大藏省企划调查科科长的久保田勇夫回忆往事，感慨万千[9]，笔下难掩愤懑之情：

"……《日美结构问题协议》的争论不仅发生在两国之间，大藏省和公共事业部门也互相争斗……我也是事后才知道的，为了争取外部支持，公共事业部门频频与美方接触……据说，他们甚至与幕后操纵的政治家过从甚密……于是，那些大人物指示我们（大藏省）说：'绝不可激怒美国，否则后果惨重。公共事业部门已经忙不过来，因此在400万亿日元预算的基础上再给他们拨款30万亿日元……'

"正如两国首脑在启动结构问题谈判时所说，协商的目的是'减少国际贸易收支的不平衡''发现阻碍两国贸易及国际收支的结构性障碍并予以调整'……然而，上述传闻如果属实，那就是借日美之争的机会扩大公共事业的支出。这也是日本国内势力与财务部门的较量……原本只是内部问题，结果却要借助外部条件为自身牟利……

"……美国这边也并非光明磊落，部分美国外交官与我国在野党密切联系，煽动他们反对执政党的政策……这样的情况不在少数，这场跨越国境的战役也毫无'仁义道德'可言！"

《日美结构问题协议》的成果

这场结构问题谈判究竟留下哪些成果？

谈判的初衷主要是减少贸易赤字，但是美国的谈判火力主要集中在日本市场的结构改革。虽然日本国内鼓吹成果显著、影响深远，但美国不以为然，甚至认为日本实质上没有真正接受美国的要求……双方认知的差异源于美国政府的谈判风格。

美国的权力结构其实极为简单，完全由"与总统有多近"决定，日美谈判也是如此。每项提案的真正提出者往往是总统的亲信，或者出于政治而非政策的考虑，由活跃于白宫的说客执笔。

以纺织品谈判为例，最初起草对日要求的人是对大选立下汗马功劳，之后被尼克松提名商务部部长的莫里斯·斯坦斯[10]。因此，政策导向不是他的关注点，兑现尼克松竞选时的承诺才是重中之重。限制纺织品进口的目的固然明确，但由于从一开始就没有重视政策的引导效果，导致美国纺织业迟迟未能振作。

久保田勇夫在《日美金融谈判的真相》[11]中写道："……无论日本还是欧洲国家，在向别国提交方案前一定会经过慎重研究……但美国未必如此……轻易抛出'尚不成熟'的草案……如果是出自因政治考虑而委任的高官之手，就更有可能是这样……"

由此分析，在美国政府内部，如何掌握谈判的主导权，或者说敲定谈判议程？答案就是伺机而动，引导白宫。换言之，说客为了实现政治意图而积极造势，一旦成功便能提升在白宫内的话语权。

积极进取的姿态本身就是赢得影响力的关键。尽管对日本的政治结构多有非议，但美国自己也是五十步笑百步，摇身变为政府官员的说客与具体制定政策的总统特别助理分庭抗礼其实并不少见。随着外部矛盾不断升级为政治问题，内部明争暗斗也愈演愈烈。相互制约，彼此争权，美国也不能例外。

言归正传，一边老成谋国，一边争权夺利，两国的差异性导致美国的提议往往"欠缺考虑"。因此，两国对于结构问题协议的迥异看法也就不难理解了。

强调谈判取得显著成果的人以通产省审议官畠山襄为代表。在《贸易谈判：攸关国家利益的演出》一书中，畠山襄给出具体解释[12]：

"……包括之后两次跟踪会议所签的协议在内，《日美结构问题协议》给日本结构改革带来划时代的变化。在调减储蓄、拉动投资方面，内阁于 1990 年 6 月审议通过公共投资基本计划，决定从 1991 年至 2000 年累计拨款 430 万亿日元用于公共投资……

"……在市场交易方面，1991 年 5 月开始大规模整顿零售店，新开店铺的准备期缩短为一年以内。以往偏袒当地商圈的商业活动协调会就此废除，取而代之的是大规模的零售店审查会……

"缩短专利的审核时间，推广无纸化办公，增加每年的审核人数……在《日美结构问题协议》签订之前，1988 年的平均审核时间为 37 个月，到 1993 年只需 28 个月……

"……基于 1990 年 6 月的《日美结构问题协议》最终报告，反垄断法于 1991 年 4 月修订，不同程度地提高了对各行业违法行为的罚款力度：流通业罚 2 倍，制造业罚 3 倍，其他行业罚 4 倍……"

虽然同为政府人员，但面对美国咄咄逼人的架势，反应却未必一致。关于公共事业规模的协商，久保田记录如下[13]：

"……经济走势尚不明朗，（美国要求）约定未来公共事业的投资额令人费解……为了保险起见，同时避免作茧自缚，只能加上三条：第一，该投资额（10 年后日本的公共事业投资达 430 万亿日元）只是当前金额，并不代表实际价值。因此，物价上升有助于实现目标。第二，把土地使用纳入公共事业的投资范围……这部分涉及大量金额，达成目标的难度也大为降低……第三，目标时间延长为 10 年。虽然经济难免起伏，但不至于大起大落，有利于顺利完成任务……"

如此煞费苦心，可想而知，日本政府内部也是意见不一。一旦政治手段牵涉其中，局面就更为扑朔迷离……

不过，尽管立场各异，日方相关人员至少抱有一个共识：谈判成果从长远来看有利于日本的经济及产业结构。但是，若问美国应该如何改进，众人却欲言又止。虽然这一切改革源于美方的要求或者说为美方考虑，但在日方看来，美国无力扭转颓势。

根据畠山襄的记录[14]：

"……美国削减赤字的计划无可挑剔，执行效果却是惨不忍睹。老布什政府保持财政收支平衡的理想宛如海市蜃楼，现实就是赤字越来越大……

"……改善微观经济已经于事无补。以国际单位制的'米制公约'为例，1875年，国际计量大会通过该公约，试图以'米'统一英美、亚洲等地迥然不同的长度单位……

"……日本于1885年加入该公约，逐渐废弃自己的度量衡单位。美国虽然是当初批准该公约的国家之一，但是时至今日依然使用英尺、码等英制单位……因此，美国的中小企业难以对外出口，海外企业在美国市场拓展业务也极为不便。美国对外资企业施压，要求提高美国零部件的使用比例，这也是一大原因……

"……鉴于日本强烈要求美国遵守'米制公约'，美国政府采购部门计划于1992年年底实施。如此一来，与政府从事交易的企业想必也会改换长度单位，但事实并非如此……最后，商务部只能以官样文章敷衍，表示'会继续研究如何促进更多企业以米为长度单位'。"

无论怎样，放眼历史长河，《日美结构问题协议》着眼两国的结构问题，倡导"互助""双赢"，可谓特点鲜明，也极为罕见。比较两国相互打开对方市场的诉求，其实未必只对一方有利。不管各自的要求有什么区别，也不论究竟哪国的结构问题更为严重，总之，美国最终独享了胜利果实。

所谓"以彼之道，还施彼身"，既然美国对日本的进口结构颇有微词，日本为什么就不能指责美国抑制消费和进口呢？

《日美结构问题协议》的初衷是美国希望消除对日贸易赤字，实际主要围绕美国的出口问题展开协商，扩大进口的需求基本不在考虑范围之内。而且，即便在研究两国结构差异时，美国的眼中也只有"问题"——增加美国产品的对日出口。因此，这个协议名副其实就是日美结构"问题"协议。

《日美综合经济协议》成形

即便政府换届，大政方针却不会有根本性改变，力求打造新气象也是人之常情。1992 年 11 月，民主党候选人克林顿击败共和党总统老布什，成功登上宝座。在赢得第一次海湾战争后，老布什在美国政坛如日中天，而克林顿的制胜法宝就是"新经济政策"。

虽然如今的经济学家认为，美国经济在选举期间已经重回正轨，但在当时，媒体舆论却是哀鸿遍野。为了与赢得战争的老布什抗衡，克林顿打出"经济才是关键，笨蛋！"（It's Economy, Stupid!）的选举口号。因此，承载着振兴经济的寄托，初出茅庐的克林顿顺利入主白宫，当务之急就是解决贸易赤字问题。

今后美国如何与外国展开贸易谈判？为了征求业界意见，克林顿政府新设"贸易政策和谈判咨询委员会"，具体负责预测海外国家的市场开放进度，为美国谈判代表提供目标值。

不过，无论是委员会主席兼美国运通公司董事长詹姆斯·罗宾逊提出的融资设想，还是此前《日美半导体协议》确定的目标值，抑或日本采购美国零部件的计划数量（尚未最终敲定），最终没有一个实现。

例如，1989 年 9 月启动的《日美结构问题协议》谈判引入"排他性竞争"条款，汽车及其零部件也在其列。但是，随着谈判的深入，问题越来越多，直到 1992 年 1 月时任首相宫泽喜一与老布什会晤时才尘埃落定 [15]。

双方均把目光锁定在日本制造商加大对美国零部件的采购上。最终，日本同意制订行动方案，自愿加大进口量。基于 1990 年日本制造商所属美国分厂 70 亿美元的当地采购额，两国一致同意，把 1994 年的目标值提到 150 亿美元。

另外，关于美国汽车零部件的进口量，日本预计会从 1992 年的 20 亿美元涨到 1994 年的 40 亿美元。在美国的要求下，该目标值也被写入方案。综上所述，1994 年日本汽车制造商合计采购美国生产的零部件达 190 亿美元。

这个目标对双方来说都能接受。日企在美国工厂的产量提高是日本加大引进美国零部件的前提，而且 190 亿美元终究只是估算值。双方之所以同意这个数字，主要是认可这个前提，而这也成为在履约中互生龃龉的根源。

日方强调 190 亿美元只是期望（Goal），但美国一口咬定这是"两国政府达成一致"，是日本政府要引导企业完成的目标（Target）[16]。不管怎么说，日本采购的美国零部件终究没有达到 190 亿美元。

按照美国的解读，既然是政府引导企业完成目标，日本政府至少应该给本国企业立下军令状。然而，日本政府从未对企业做出硬性要求，190 亿美元的目标实际毫无约束力。

于是，当 1993 年 4 月宫泽喜一与克林顿会谈时，双方同意以《日美综合经济协议》取代《日美结构问题协议》。关于《日美综合经济协议》，克林顿在记者发布会上介绍如下 [17]：

> "……鉴于日本对美国的贸易顺差越来越大，我向宫泽首相表达美方的顾虑。同时，美国产品、美国投资不能充分进入日本市场，这点更让我们担心……仅凭宏观调控不足以改变局面，必须进一步开放日本市场……为了应对两国结构、产业等问题，必须签订一份新的框架协议……"

不过，关于该协议的评判标准，两国后来的解释明显有别，根源还是在于这次首脑会谈。通产审议官畠山襄虽然没有参与谈判，但还是在自己的著作中有所提及 [18]：

> "……克林顿总统在记者发布会上并没有提及目标值……其实，两国在谈判中围绕数值曾经争得不可开交……

> "……我曾经和出席谈判的美国政府高官交流……据对方透露：'总统起初并没有对目标值表态，倒是日方一再强调市场份额和目标值实在无法做到。于是，总统与美方其他代表均表示，如果没有具体数字，所谓的协议只是空话。相比于达成协议，如何界定协议取得成功才更值得关注……'

> "……在协商过程中，总统仔细分析产业及结构问题，再次强调目标值作为评价标准的重要性……宫泽首相对此坚决反对……"

由此看来，从谈判伊始，两国关于"目标与评价标准的内容和意义"就明显存在分歧，最终达成共识是两边当事人员百折不挠、积极推进的结果。

在起草《日美综合经济协议》时，美方代表提出三点方案：第一，1992 年日本贸易顺差占 GDP 的比例为 3.2%，到 1995 年应降至 2% 以下。第二，1992 年日本进口产品占 GDP 的比例为 3.5%，到 1995 年应增至 4.7%。第三，以下五个领域单独签订协议：①日本的政府采购；②日本放宽进口限制；③汽车及零部件问题；④日美经济综合型问题（对日投资等）；⑤已签协议的履约问题（《日美半导体协议》《日美结构问题协议》等）。

围绕目标值的攻防战

美方的提议尤其是设置目标值和个别领域另签协议遭到日方的猛烈反击，从畠山襄的记录可见一斑[19]：

"第一，无论从宏观还是微观来说，目标值都不能接受……五个领域的单独协议、贸易顺差的调整等均不应设置数值……在市场经济体制之下，政府本身无法左右这些数字……

"第二，《日美综合经济协议》应当不受301条款（对违约行为的报复措施）的约束。否则，框架协议达成的各项内容都会给美国以301条款起诉落下口实……

"第三，协议对象应当限定在属于政府职权范围内的事项……

"第四，协商领域不应只针对日本的制度，美国的制度也同样适用（确保双向性）……

"第五，协商结果不应局限于日美两国，其他国家也可受益（确保最惠国待遇）……"

面对日本的强烈抗议，美国一一做出回应[20]：

第一，不接受日本的反驳。换言之，双方各执己见。

第二，301 条款的免责超出美方代表的权限，因此无法答应。（畠山襄对此点评："……美方一口回绝其实另有隐情。把目标值强加给日本是美方代表的单方面行为，他们对此心知肚明，唯恐被日本发现自身的违法行为，谈何为日本争取……"）

第三，美方代表姑且接受。

第四，美国虽然同意，但这五个领域另行协商是基于日本结构改革的考虑。尽管日本一再强调两国共同遵守，结果还是美国督促日本改革，实质并未对美国构成约束力。

第五，美国表示认可。

此后，两国代表依然争执不下，而背后的推手仍是政治。由于日本众议院通过对内阁的不信任案，宫泽喜一下台已成定局，七国首脑会议成为他的谢幕演出。

或许是想为《日美综合经济协议》最后一搏，1993 年 7 月，宫泽喜一的书信由驻美大使栗山尚一递到克林顿面前。他在信中表示，在宏观经济领域致力于调减对美贸易顺差（但不设目标值）。至于微观结构问题，"如果不作为指标以及对外公约"，可以设定参考值 [21]。

美国接受宫泽喜一的提议。1993 年 7 月 6 日，随着七国首脑会议在东京召开，宫泽喜一与克林顿的会谈如期而至。

虽然美国在会上肯定日本引入参考值的积极意义，但是依然要求日方进一步妥协。东京大学政治学研究员谷口将纪绘声绘色地记下当时的场景：

"……（基于美方的反馈）宫泽首相指示寻求让步的可能。具体来说，在政府采购领域，是否可以明确采购外国产品的目标值。但是，通产省贸易政策局对此坚决反对，认为违反《关税及贸易总协定》'消除差别对待'的原则。第二次首脑会议迫在眉睫，据说前一晚在酒店大厅，甚至发生通产省和外务省官员相互推搡的事件。7月10日，两国总算发表了'关于日美新经济伙伴关系框架的共同声明'……"

但是，联合声明关于各领域另签协议、履约成果的评价标准等依然存在争议。

"……基于该框架协议，两国政府应当针对产业及结构的特点采取相应措施，并对结果按照数据等一系列标准进行评价……这些标准主要用于评估……[22]"

为此，宫泽喜一的智囊团苦心孤诣，久保田在其著作中也有介绍[23]：

"……美国克林顿总统与日本宫泽首相同意达成协议……作为框架协议，自然需要涵盖一切内容……

"……（但从各协议的执行情况来看），即便美其名曰具有双向性，其实只是按照美国的要求自我整改。因此，对美国来说，谈判议题多多益善……6月18日，由于内阁不信任案获得通过，宫泽首相只能解散众议院。尽管在任时日无多，含外务省在内的内阁成员集体反对，首相依然不为所动，和克林顿总统一边吃着寿司，一边敲定细节……

"……两国首脑因此达成共识。只要满足美国的要求，签订协议自然不成问题……但是，身为一国最高行政领导人，至少不必拔苗助长……而且，美方要求的目标值等理应由下属和学者研究讨论之后再定……"

言下之意，即便宫泽喜一下台已成定局，领导人也不应操之过急，让后任为难。

谷口将纪也在自己的书中提到，7 月 10 日，日美首脑的联合声明使得宫泽喜一功成身退。但对日本来说，历时两年、纠缠不休的汽车贸易谈判（谷口的著作只谈汽车问题，其实其他领域的谈判也于同期展开）由此开始 [24]。

前因后果姑且不论，由于牵涉诸多领域，《日美综合经济协议》要比《日美结构问题协议》涉及更广，头绪更多。因此，每年召开两次的首脑会谈就是谈判的最好时机。两国副部级高官悉数披挂上阵，围绕宏观经济、个别领域谈判、全球合作这三个主题展开论战。

以个别领域谈判为例，试着分析两国的谈判人员构成 [25]，这也与下一章的内容有关。

前文已有介绍，五个领域指的是政府采购、进口限制、其他核心问题（汽车及零部件）、调整经济全局、已签协议的履约问题。

第一，政府采购的谈判包括电信、医疗设备、计算机、超级计算机、人造卫星等内容，由美国贸易副代表和日本外务审议官牵头，相关部门参与其中。

第二，放宽进口限制、促进市场竞争的谈判涉及金融服务业、保险、鼓励竞争的政策、流通、扩大进出口及目标对象研究，由美国财政部副部长和日本财务官员主持。

经济全局的调整内容聚焦于对内投资、知识产权、技术引入、企业长期合作等，由美国副国务卿和日本外务审议官挂帅，美国商务部与日本通产省展开交锋。已签协议的履约问题由美国贸易副代表和日本通产审议官对接，美国贸易代表办公室和日本外务省、通产省予以配合。汽车及零部件等具体问题由美国商务部副部长和日本通产审议官协商。

日本可以说"不"

在自民党首相宫泽喜一卸任后，新党细川护熙成为新一任首相。

1994 年 2 月，在华盛顿与克林顿会晤时，细川护熙回绝美方缔结《日美综合经济协议》的要求。

政府采购（尤其是电信和医疗设备）、金融服务业（保险）、其他具体问题（汽车及零部件）是框架协议的三大核心领域，双方代表始终争执不下。按照此前的惯例，两国首脑适时会面，日本基于发展两国关系的大局而有所让步，但这一回细川护熙直接说"不"。

在会后召开记者发布会时，克林顿毫不掩饰内心的失望[26]："……1993 年 7 月，两国首脑就大范围的框架本身已经达成共识，并且同意引入客观的评价标准，为此确定每年召开两次首脑会谈……今天是第一次会谈，但遗憾的是，几个核心领域无一可以签约。如果只是追求形式或者泛泛而谈，那样的协议还不如不签。日本市场在七国首脑集团中最为封闭，希望能进一步开放市场……"

细川护熙对此反应冷淡："以往日美之间的谈判大多是做表面文章，所谓的达成共识其实模棱两可，招致日后更深的误会……所以，从今天开始，做不到的事情还是直说为好。我认为，这才是两国面向新时代、发展友好关系的成熟表现……"

面对记者的提问，细川护熙进一步解释："……目标值流于形式的故事我见过不少，半导体就是一例……所谓的客观标准终究不过是管理贸易的借口，这与致力于放宽进出口限制的日本政府背道而驰……"

《日美综合经济协议》的谈判由此戛然而止。但是美国岂能善罢甘休？美国素来坚信"强硬的立场决定谈判的结果"，于是迅速向日本施加压力。1994 年 3 月，克林顿签署总统令，宣布激活"超级 301 条款"，有效期为 2 年（1994—1995 年）。

在《1988 年综合贸易与竞争法》中，"超级 301 条款"只是临时措施，至 1990 年年底失效。尽管克林顿在竞选时表示有意激活该条款，但至少在 1994 年 3 月之前并未付诸实施。因此，日美谈判的破裂从某种意义上来说也是导火索。

克林顿此举既是兑现竞选时的承诺，又是向日本施压，而且正中美国国会下怀。一贯鼓吹对日态度强硬的国会未做任何刁难，迅速予以通过。"超级 301 条款"之后被写入《1995 年美国"乌拉圭回合"协议法》。在国会审核通过后，该条款也从行政命令上升为正式法律条款[27]。

万事俱备之后，克林顿政府逐渐收紧套在日本头上的绳索，这也符合美国一贯的风格。贸易代表办公室着手调查日本对汽车零部件是否存在区别对待，责令日本在 1994 年 9 月末之前消除该现象。

1994 年 7 月，贸易代表办公室又启动另一项调查，分析日本的政府采购制度是否违反《1988 年综合贸易与竞争法》第七章。一旦认定违法，贸易代表办公室将迅速联系日本。从谈判开始之日起，如果日本未在 60 天（正好也是 9 月末）内完成整改，美国有权实施制裁。

由此可见，美国频频以贸易法起诉日本，而且有意把截止时间集中到 9 月末。

对于美国以《1988 年综合贸易与竞争法》第七章挑剌的行为，畠山襄在其著作中也是冷嘲热讽[28]："……日本与美国协商经济框架协议的前提是不受 301 条款约束，如今反而被美国借此起诉。无论日本怎样选择，结果都是自己的错……第七章的主旨是保证公平交易、消除区别对待，但美国在经济框架协议中强调对外国产品流入日本创造便利条件。美国对外呼吁平等竞争，轮到自己就寻求各种优待……"

从日本的角度来说，走出首脑会谈破裂的阴影、重启经济框架的谈判才是当务之急。

在当年 2 月细川护熙与克林顿谈崩之前，两国已经就某些事项，诸如日本加大对车载电话和汽车零部件的进口等达成共识。谈判虽然中断，日方还是单方面开放市场。这些举动当然是按照细川护熙的指示进行的，这也为两国重新回到谈判桌前奠定了良好的基础。

另外，重启框架协议的谈判也是美国的诉求。美国经济疲软，框架协议谈判的破裂造成美元贬值，股票和债券市场也是一片萧条。为了避免汇率损失，对日投资的券商不敢把资金转回美国，美国经济因此雪上加霜。克林顿政府开始意识到，如果对外经济关系不能得到改善，最终会让美国经济元气大伤。届时，当初"经济才是关键，笨蛋！"的口号就会成为他人攻击自己的最佳武器。

基于日美双方的国情，重启谈判势在必行。1994 年 5 月，两国副部级官员非正式会晤召开，确定重启《日美综合经济协议》的协商。鉴于此前细川护熙和克林顿不欢而散，这回由两国官员全力促成谈判。

关于评价成果的客观标准，双方最终达成以下共识：①客观标准没有具体数字目标；②在评价时采取定性和定量双管齐下的方法；③对市场开放程度的评判不应只有一种尺度，需要结合多个标准综合考虑。

在此期间，美国单方面设置的 9 月末截止期限也悄然临近。但就三个领域的谈判迟迟没有进展。是另行协商还是调整时间，双方为此苦思冥想。鉴于谈判曾经破裂，如果再发生一回，后果简直不堪设想。于是，虽然是美国单方面定的期限，但最后却由两国协商对策，想来也是有趣。

悬而未决的汽车及零部件协议

美国贸易代表办公室要求完成整改的时间是 9 月 30 日，因此日美两国代表快马加鞭，探索如何达成共识。

"9 月的谈判集中在三个核心领域。其中，金融服务业和保险极有可能签约，政府采购部分问题不大，汽车行业先把零部件问题敲定……[29]"面对美国放出的信号，日方大体予以认可。

据此，9 月末不必谈拢全部领域，两国先落实可以达成一致的部分。1994 年 5 月末《日美经济框架协议》的谈判正是按照这个思路展开。不过，虽然美方对政府采购问题表示乐观，但是日方对评价标准始终存有戒心，不肯让步。据说，美方甚至做好谈判失败的心理准备，认真分析以《1988 年综合贸易与竞争法》实施制裁的可能。如果事实果真如此，那么整个谈判再度告吹，贸易法反而成为美国自己的绊脚石。无论从哪个角度来说，美国都希望 9 月可以顺利签订《日美综合经济协议》。

双方为促成协议的签订使出了浑身解数。不出美国所料，1994 年 10 月 1 日，《日美综合经济协议》就政府采购、保险、玻璃等领域达成共识，这三大领域在 5 月重启谈判时被紧急列为核心领域，但汽车及零部件问题依然悬而未决。

既然 9 月已过，一切就得重新谈判。

10 月 4 日，美国贸易代表办公室宣布依照 301 条款对日本汽车零部件启动调查，有效期至 1995 年 10 月 4 日。

通产省对此坚决反击。从某种程度来说，日本汽车产业是国民经济的支柱之一，与美国业界多有纠纷。日本当局对美国的伎俩并不陌生，而且通产省对自愿出口限制的实施难度心知肚明，何况还有半导体产业的前车之鉴。再加上，1995 年世界贸易组织成立，国际贸易准则发生重大改变，301 条款和自愿出口限制均不被认可。

综上所述，美国故技重施的做法违背历史潮流，日方的反击一浪高过一浪。关于 1994 年 10 月以来日本是如何应对汽车及零部件问题的，不妨从通产省《日美汽车谈判轨迹》的报告中寻找答案[30]。

此前的 1994 年 9 月，通产大臣桥本龙太郎严守每周两次出访美国的约定，断断续续地与美国贸易代表迈克尔·坎特展开协商：

"……关于汽车及零部件，双方就可达成一致的部分先行谈判……于是在会上提出：①日方汽车制造商于 1994 年 3 月自愿发布对外国汽车零部件的采购计划。虽然美方要求提高采购量，但是根据《日美综合经济协议》的约定，双方不应设置目标值，政府也不应介入……

"……美方同意这是企业判断，无须政府介入，但依然不依不饶地请求确定目标值……我方认为此举不妥，因此驳回美方的要求……

"……②零部件方面得到运输省的全力支持，因此日方强调，只要安全性有所保证，可以考虑放宽限制。但是美国只求放宽限制，对安全性毫不在意，结果未能谈拢……"

之后，在雅加达召开的亚太经合组织部长级会议上，桥本与美国贸易代表坎特、商务部部长罗纳德·布朗继续此前的谈判。

"……在与贸易代表坎特会谈时，桥本提出了三点要求。得到确认后，两国决定召开副部级会议。但是，在与布朗部长交流时，由于时间有限，对方并未完全领会日方的意图……

"……日方的三点要求具体是：一是零部件采购计划是企业自发的行为，政府无权干涉，因此不在谈判范围之内；二是基于同样的原因，成交量也没有讨论的必要；三是零部件问题属于框架协议的协商事项，不受 301 条款的约束……"

1994 年 12 月 27 日，为了协商重启谈判的事宜，副部级会议于伦敦召开，达成以下共识：

"①重启三个领域（放宽市场限制、成交量、采购带 'OE 编号'① 的零部件）的谈判……

"②对目标值及政府责任范围以外的事项不予讨论。因此，成交量、自主采购海外零部件的计划等不在谈判范围之内……

"③对成交量不设目标值。讨论带 OE 编号的零部件时，议题仅限于

---

① 在汽车制造业发达的国家，为方便对零部件进行管理，每个汽车制造商对每种车型的每个零部件采用不同的编号，即 OE 编号。通过 OE 编号可以查询该产品的类型、具体性能和详细参数。——译者注

如何维护业界的良好合作关系……

"④协商放宽汽配市场时，美方的牵头部门是商务部，而不是贸易代表办公室。日方由通产省和运输省共同负责……

"……基于以上内容，如果未来的采购计划属于谈判事项，美方直接与日本企业联系……假如美国对日本企业和日资企业区别对待，通产省可以提出异议……"

于是，美国中止基于 301 条款的调查，《日美综合经济协议》的谈判正式重启。

1995 年 11 月末，两国副部级会议在华盛顿召开。美方确认，企业自愿实施的计划不在政府职权范围内，也不予讨论。但是，美方坚称，为了达成汽车及零部件协议，需要对企业计划做出修订和追加。谈判陷入僵局，之后美国依然不依不饶。

1995 年 5 月，在加拿大温哥华和惠斯勒先后召开四国贸易部长会议，日本坚持以下立场：

"……①企业计划的修订和追加不在框架协议的范围内，日本最后恳请美方切勿对此纠缠，否则只能否决该协议……②与成交量相关的竞争性政策、放宽进出口限制等'属于政府职责范围的事项'，日方尽力配合解决。只要美方不再坚持修订、追加企业计划，问题应该不大……③如果美国采取单方面措施（加征关税），日方也会对多项框架协议内容做出调整（向世界贸易组织起诉）……"

在四国贸易部长会议上，日美两国最终没能达成共识。1995 年 5 月
10 日，贸易代表坎特召开记者发布会，宣布将于近期发布加征关税的细
则，同时声明将向世界贸易组织起诉日本封锁汽车及零部件市场。

5 月 17 日，坎特再度组织记者发布会，并发表声明："关于日本汽
车零部件市场，日本的行为及政策有失公平，严重损害美国的利益……
基于 301 条款，对从日本进口的 13 类高档车征收 100% 附加税……

"……虽然最终确定于 6 月 28 日开始加征关税，但是贸易代表坎特
建议于 5 月 20 日零点完成通关结算、实施新的税率。此外，根据他的
说明，1994 年该类高档车的进口额约为 56 亿美元……"

贸易代表坎特的言行违反世界贸易组织的原则，1995 年 5 月 17 日
（由于时差关系，其实是坎特召开记者发布会的次日），日本基于《关税
及贸易总协定》第 22 条向世界贸易组织起诉美国。

"……历时近两年的汽车贸易谈判属于《日美综合经济协议》的范
畴，由于美国不断要求设置目标值，协议迟迟未能签订。以加征关税威
胁企业提高目标值，这种彻头彻尾的政治干预也给自由贸易体系带来了
极大的挑战……

"……至于美国向世界贸易组织起诉日本封锁汽车市场，日方指出，
美国一方面无视世界贸易组织的章程，另一方面又要求别国遵守。作为
消除误解的良机，日本也努力向全世界说明自身如何开放市场……"

从针锋相对到妥协退让

难题摆在世界贸易组织面前，指正美国的错误无疑会给全球造成深远的影响。继续引用通产省贸易政策局美国科的资料如下[31]：

"在美国单方面宣布对部分产品征收附加税，日本上诉世界贸易组织之后，经济合作与发展组织（简称"经合组织"）召开第一次大会，日美汽车及零部件之争依然是热门话题。桥本大臣在会上慷慨陈词，反对一切保护主义，呼吁重视世界贸易组织协调多边贸易纠纷的作用，制止单方面措施、目标值设定以及政府对企业的干预。

"……在欧盟各国的支持下，日本将上述主张写成备忘录。除了一个国家没有签字之外，其他与会代表均表示认可……"

在桥本的斡旋下，关税及贸易总协定决定于1995年6月22日—23日受理日本基于第22条的申诉，致力于解决汽车贸易问题的日美副部级会议也同期在日内瓦举办。

1995年6月15日，日美首脑于加拿大哈利法克斯会晤。首相村山富市恳请克林顿"早日停止单方面加征关税"。

1995 年 6 月 22 日，两国谈判正式启动。云集日内瓦的两国部长级以下官员和专家不分昼夜地展开马拉松式的磋商，最大的争议依然是目标值。

尽管双方开诚布公，但谈判的走势始终扑朔迷离。直到 6 月 28 日早晨，桥本与坎特会面之后，才真正打破僵局。之后，副部级官员与专家也都达成共识，桥本和坎特于当日傍晚发表联合声明，历时近两年的汽车及零部件谈判至此尘埃落定。

经过这场漫长的拉锯战，日本坚持国际贸易准则和自由贸易的精神、抵制目标值的设定、区分政府职责和不在谈判范围之内的议题，成果值得肯定。回顾桥本与坎特的联合声明[32]，曾经的艰辛曲折不难体会。

"……立足国际形势的变化以及汽车制造商的调整，桥本提出全球化、当地化、行业互助、透明性四个原则，获得贸易代表坎特的认可……为了促使更多的外国产品涌入日本市场，桥本与坎特分别于 1990 年、1992 年和 1994 年对日本汽车制造商发表的采购计划及实施进度展开评估……二人均对结果表示满意……

"……此外，为了扩大汽车及主要零部件的海外生产、推动当地采购等，日本汽车制造商相继发布补充计划，二人对此表示欢迎……日本企业同时宣布提高采购的透明性，为供应商提供平等竞争的机会……

"……另一方面，美国的汽车制造商也有意推广自身的优质产品及服务，纷纷公布发展规划或是表达进军日本市场的意愿……二人对此倍感欣慰，理解也认可这些计划只是企业基于自身经验的预测，实际结果受市场波动的影响极大，因此不应作为硬性指标……

"……基于《日美综合经济协议》放宽进出口限制等目标，两国政府推出各项'措施'。桥本和坎特认可，应当反复确认'措施'是否得当……

"……对'措施'的评价需要从稳定性、定量标准、综合比较等多个角度展开。例如，汽车及零部件贸易、美国日资企业的采购金额、汇率影响等问题需要结合美国市场及产业的实际情况具体分析……"

根据桥本与坎特于日内瓦签署的协议，1996年至2000年，两国每年组织一次进度确认会议。1996年9月，第一次会议于旧金山召开，对汽车贸易问题格外关注的欧盟主动要求出席。然后，加拿大与澳大利亚也申请旁听，第一次进度确认会议就此演变为围绕汽车及零部件的多边贸易谈判。

日本此前担心美国会再度抛出目标值，不过由于其他国家的参与，美国自然不好再提。此外，欧盟的介入也给日本增添回旋的余地。1999年12月，日本在协议期满前夕主动提出："基于全球化进程等新形势，建议两国展开新的对话。"美国的回应则是暂定延期一年。

由于两国意见不一，也没有具体行动，此事最终不了了之。2000年年末，《日美汽车及零部件协议》自动终止。

06 打造贸易区

日美贸易谈判的变迁及 TPP 的成形

将经济问题与国家安全挂钩

从"二战"落败到成为世界第二大经济强国，在狂飙突进的过程中，日本不可避免地与美国发生各种贸易摩擦，争斗的领域并不局限于前文的商品、产业和项目等。本章既是补遗，也将从新型贸易准则的角度切入，从全球各类区域合作项目延伸到如今备受关注的"跨太平洋伙伴关系协定"谈判。

在此期间，美国对日强硬的姿态也在不断调整。受国际环境的影响，美国经济陷入低迷，对日本商品、产业等的要求更为广泛，编织的理由也是五花八门。在重心从保护本国产业转到开放国外市场后，美国打着全球化的旗号，积极推进从两国延伸到多国的区域合作模式，试图建立国际经济新秩序。

不得不提从 20 世纪 60 年代后期到 70 年代中期的日美电视机大战[1]。在日本挤进世界前列的同时，美国的电子产业却一落千丈。双方的摩擦在所难免，而且过程与钢铁、半导体、汽车等如出一辙。

日本从 1960 年开始向美国出口黑白电视机。同年，美国电子工业协会便以"低价倾销"的名义起诉日本。彩色电视的出口也是如此。1968 年，美国电子工业协会起诉 11 家日本彩电生产商涉嫌倾销。1971 年判决下达，除索尼之外，其余 10 家企业"罪名"成立。

当时，美国的电视机厂商以中小企业为主。他们组成行业联盟，利用一切法律武器阻碍日本电视机进入美国市场。这也从侧面说明，美国电子产业在晶体管电视机[①]和黑白电视机领域甘拜下风，只能出此下策。

随着美国企业要求实施保障措施的呼声越来越高，国会开始有所行动。基于选民的要求，不少议员发起保护电视机行业的提案。毕竟，要求对进口产品实施限制早有先例，因此，企业乃至整个业界都在积极寻求贸易法的庇护。根据美国法律的规定，受理部门必须在一定时间内做出回复，政府据此展开行动。即便国际贸易委员会驳回上诉，至少也能让出口国感到压力。当然，更有效的方式就是修订贸易法，使政府按照国会的设想行动起来。

根据多方研究资料来看，整个过程基本可以概括为：美国业界寻求保护，而国会盛行保护主义，然后美国政府与出口国日本谈判，要求限制出口；之后谈判迫使日方做出让步；最终日本政府采取措施（政府指导业界做出调整）。

鉴于日美两国实力悬殊，美国往往盛气凌人。对于置身冷战、倚仗美国保护安全的日本来说，在经济层面做出让步也是无奈之举。当两国又因机械设备发生贸易摩擦时，这一点表现得更为明显。

———

① 20 世纪 70 年代，晶体管电视机风靡一时，彻底取代电子管电视机，但不久之后又被集成电路电视机取代。——译者注

这一回美国业界寻求保护的理由却截然不同[2]。1983 年，为了防止日本机械设备侵占美国市场，美国机械制造技术协会根据《1962 年贸易扩展法》第 232 条申请实施进口限制。该行为本身并无异常，但把国家安全作为申请依据着实耐人寻味[3]。

《1962 贸易扩展法》第 232 条又被称为"国防条款"，具体内容为："在进口产品对国家安全构成威胁时，商务部部长需汇报总统。如情况属实，总统可以采取相应措施。"值得注意的是，向总统汇报的是商务部部长，而且该条款明确将经济问题与国家安全问题挂钩。

1986 年，里根政府正式要求日本、联邦德国、瑞士、中国台湾等国家和地区实施自愿出口限制。虽然对外的说辞未必是国家安全问题，但业界的担忧显然已经引起了政府的重视。后来在半导体贸易战中，美国以国家安全为由强迫日本让步的战略或许正是源于此。

在里根政府的要求下，日本与美国展开谈判。1986 年 11 月，"为了配合美国改革、提升机械设备的性能"，日本同意从 1987 年 1 月开始对六类设备（加工中心、NC 旋转工作台、非 NC 旋转工作台等）实施自愿出口限制[4]。

值得一提的是，此类贸易摩擦纯属小打小闹。换言之，美国这些产业完全不是日本的对手。当美国这些产业在市场的大浪淘沙之下再无还手之力时，这些矛盾也就不复存在了。

因此，在美国中小企业放弃生产后，围绕电视机问题的贸易摩擦就此烟消云散。在机械设备方面，日本厂商也找到了与美国企业和平共处的办法。彼此分工明确，深化合作，久而久之自然放下敌意。

无论前因后果如何，美国以国家安全为名实行的产业保护措施始于

20世纪80年代中期，从最初的机械设备领域延伸至后来的半导体之争。

机械设备和半导体分别对应制造业和高科技行业的生产资本，可谓不同时期的产业"食粮"，攸关国家安全。因此，美国在贸易战中借题发挥也不足为奇。而且，此类冲突源自各行业对日本望尘莫及的危机意识，席卷全球的"日本第一"理念无疑更令美国忧心忡忡。

美国从限制进口转为要求日本限制出口

20 世纪 80 年代，日美贸易摩擦愈演愈烈，逐步从个别商品上升到某些行业。

美国身为世界第一经济大国、资本主义阵营的盟主，自然难以放下身段。虽然相关产业渴望启动保护措施，但是政府基于国内外政治环境的考虑，不敢公然实施限制进口。于是，美国标榜市场自由，对苏联口诛笔伐，即便本国企业和行业已经不堪重负，依然鼓吹自由贸易精神。

哪怕某类产品已经出现贸易赤字，美国也迟迟不愿限制进口。顶着国内呼吁采取保护措施的巨大压力，美国政府把责任转嫁给大量出口该产品的日本，要求日本实施自愿出口限制。美国把自身的问题、责任和义务统统甩给对方，这招可谓高明[5]。纺织品、钢铁、汽车等领域的贸易战无一不是如此。而且，美国将对日本的要求视为政府职责，为迫使日本政府屈服也是无所不用其极。

美国的计划固然完美，但这些要求大多由日本企业自主决定，日本政府无权干预。即便强迫日本签订协议，实际执行效果也可能远远不如预期。例如，《日美半导体协议》等谈判结果显然违背市场经济的原则，具有浓烈的"管理贸易"色彩，也让不受协议限制的韩国和中国台湾等国家和地区企业获利。真正受限的只有日本，而美国乘机转向新领域，全力以赴地投入新型技术的研发，并最终取得成果。

所谓谈判，终究需要审时度势、随机应变。至 20 世纪 80 年代中期，美国贸易谈判的目标发生天翻地覆的变化，逐渐演变为要求日本实施自愿出口限制，日本市场进一步向美国产品开放。当时，"日本异质论"①在美国甚嚣尘上，美国适时调整目标以表明贸易政策的正确性：因为日本社会存在"异质性"，所以美国的各项要求是为了指导和校正……

之后，美国变本加厉，从希望日本开放市场升级为谋求特殊待遇。其中，20 世纪 80 年代中期，投标关西国际机场建设项目堪称典型案例[6]。起初，美国呼吁招标单位公平对待。但是，随着谈判深入，美国已经不满足"允许美国企业参加"，而是要求"对美国企业有利"的评标办法。最初强调的"公平"荡然无存，反而对日本企业步步紧逼。

几乎同期进行的超级计算机采购也是如此[7]。超级计算机是用于科技计算的超高速计算机，虽然美国当时独霸该领域，但日本已经奋起直追。1986 年年末，美国的超级计算机迟迟不能打开日本市场。于是，美国指责日本的政府采购存在问题，并且将此列为 MOSS 谈判电子技术领域的协商议题。

谈判困难重重，最终勉强达成两项共识：第一，为了增强公共部门

---

① 20 世纪 80 年代日本经济飞速追赶欧美，引起欧美国家不满，继而提出"日本异质论"。该理论旨在表明日本终究与欧美不同，隐隐有不屑与日本为伍的讽刺意味。——译者注

采购超级计算机的透明性，日本编写美方可以接收的采购指南；第二，在启动政府紧急采购时，日方也会考虑引进美国的超级计算机。

美国的要求貌似追求日本公共采购的"内外公平"，其实是把美国限定为唯一的海外卖家。日本越是坚持这样的"公正"，从美国进口的超级计算机就越多。

20世纪80年代堪称日美贸易摩擦的巅峰期。原因在于美国致力于经济结构的调整，正处于过渡时期；而日本则飞速发展经济，取得举世瞩目的骄人成绩[8]。

究其原因，20世纪70年代，美国的菲利普斯曲线一路走高，失业率和物价年年处于高位，主要是因为两次石油危机导致人们的生活水平急剧下降。"你的生活可比四年前更好？"里根在1980年大选时发出灵魂拷问，并最终击败卡特，成功当选总统。之后，里根推行"里根经济学"，包括大幅削减财政支出和税费、政府放松对企业的限制、实施稳定的货币政策等。

美国本就陷于通货膨胀的泥潭，如此一来，货币供应量越发不足，财政收支捉襟见肘。总之，美国经济跌至"二战"以来的最低谷。其财政赤字导致资本市场出现排挤效应，利率上扬引得外国资本争相涌入，美元居高不下。

宏观经济政策也给企业管理带来巨大冲击——经营不善、高利率、美元走高。面对国内经济低迷、需求下滑的局面，美国企业拼死抵抗——减少供应、关闭工厂、解雇员工、转让部分业务，之后基于美元汇率较高，大量企业出走海外。

企业遭遇变故，产业也出现空心化现象，然而美国的霉运不止于此。从 1982 年 11 月开始，美国迎来战后最长的繁荣期，但是国内的供应水平一降再降。

在太平洋的另一端，日本的境遇与美国形成鲜明对比。在美国生产萎缩的同时，日本却在加大投资、积极提高生产力、推进工厂的现代化建设。

美国经济从 1982 年 11 月以来触底反弹，但是业界无法满足日益增加的需求，导致日本企业乘虚而入。美国对日本的贸易赤字急剧扩大，由结构问题引起的贸易摩擦时有发生。

"日本异质论"

随着美国贸易逆差越来越大，两国在多个领域产生摩擦。于是，频频召开针对汽车、半导体等领域的 MOSS 谈判，更确切地说，是美国要求日本按领域分别谈判。日本出于发展两国友好关系的考虑，答应与美国磋商。

美方认为，个别领域的摩擦源于日本政府并未坚持公平贸易，而经济和产业结构的缺陷在于产业结构的封闭和限制，从而引发一系列问题。据此，美国要求日本消除贸易壁垒，并且抛出"日本异质论"。

基于美国的这套理论，只要日本在某个领域松口并签约，美国就会延伸到其他领域，要求同样的承诺，这样的伎俩可谓运用自如。例如，1983 年 9 月，两国成立日元美元委员会，除了处理汇率问题之外，还负责协商日本金融资本市场的开放问题。在白宫的赞许之下，该委员会模式也在 MOSS 谈判的各领域协商中广泛发挥作用。

从历史来看，美国政府对日本的要求呈现两个变化：

一是美国基于自身行业竞争力的衰落而要求日本自愿限制出口，之后改为敦促日本加大对美国产品的进口力度。这是因为在世界贸易组织取代关税及贸易总协定之后，自愿出口限制被明令禁止，美国不得不调整目标。

二是对日本的要求最初只针对政府（例如修改制度、法规等），之后变本加厉，逼迫日本政府采取行政干预手段，引导企业进口更多的美国产品。

既然世界贸易组织废除自愿出口限制，美国就以签订协议的形式明确责任和义务，迫使日本政府干预本国企业行为。于是，本应由市场和企业自主选择的事项，也被纳入政府的调控范围。而另一边的美国，本土企业拒绝行政干预，对外却要求外国政府积极介入、开放市场，双重标准显而易见。美国只能强词夺理地抛出"日本异质论"。

从结果来说，日本算是全盘接受了美国的要求。但从半导体、汽车及零部件的协议来看，美国未免欺人太甚。由于日本一再退让，美国得寸进尺，甚至把矛头对准日本经济和产业结构，《MOSS 谈判协议》《日美结构问题协议》《日美综合经济协议》都是最好的证明。

日本政府承受巨大的压力，处于风口浪尖的想必是大藏省。虽然经济理论是双方展开唇枪舌剑的武器，但谈判却是政治的角力，而且日本始终心存顾虑，一切以两国友好关系为先[9]。以日元美元委员会协商并发表最终报告的过程（1984 年 2—5 月）为例，虽然久保田勇夫在著作中语焉不详，但读者仍能感受到谈判的紧张氛围。

日元美元委员会成立于 1983 年。当时，美元高涨，日元走低，与日本拖拉机厂商陷入苦战的卡特彼勒公司不堪忍受，于是董事长李·摩根炮轰日本政府操纵外汇市场、故意压低日元价格。

虽然两国政府均出面否认，但摩根不依不饶，迅速聘用新的顾问并发表报告——《美元与日元失衡的原因及对策》(又称《索罗门报告》)。
该报告由著名金融学教授埃兹拉·索罗门执笔，主要提出三条论断：
①日本限制外国资本流入；②日元走低是由日本金融资本市场的封闭性
所致；③鉴于第二条，日本需要进一步开放本国市场[10]。

这份报告打动了里根政府的财务部部长唐纳德·里甘，于是，在
1983年11月的日美首脑会谈时，里根总统亲口提议日本要调整日元汇
率，以推动资本市场的自由化进程。

首相中曾根康弘当场予以反驳，声称美元汇率高、日元汇率低的现
象源于美国的高利率，与日本资本市场的管理制度和运作模式无关。不
过，在会后发表的联合声明中，中曾根康弘同意双方就汇率及金融资本
市场的问题展开协商。于是，日本大藏省与美国财政部先后举行六次会
谈，面红耳赤、针锋相对的情景屡见不鲜。

值得一提的是，美国之所以在这个时候提出金融及资本的自由化问
题，一个主要原因是其在中南美洲投资房地产失败。与此同时，日本金
融企业在美国市场分外活跃，自然引起美国的警觉。

关于日元美元委员会谈判的细节，为方便理解，引用久保田勇夫在
回忆录中的描述：

"……美方代表为副部长贝利尔·斯普林克尔……来自芝加哥商学
院的知名经济学家……在会上大谈货币学派的主张，反对所有限制和单
方面措施……既然以自由化为目标，理应充分发挥市场的自主调节作
用……[11]

"……关于争论焦点之一的汇率问题，日方认为是财政赤字带来的

高利率所致……美方坚称这是由于日本的金融资本市场不够开放，未能充分发挥日元的潜力，所以实现自由化至关重要……[12]

"……在美国看来，利率是市场调节的结果，政府无权评判是否合理，也不应加以干预……日本认为利率也是政府重要的政策手段，需要结合形势及时调整……[13]"

总之，双方的观念相去甚远，谈判的难度可想而知。

日美谈判风格的区别

美方代表表示，如果政府换届，此前的主张全部作废，由双方另行协商。日方对此难以认同，并强调要保持立场和原则的一贯性。即便政府换届，先前的约定也不应被推翻。在协商汇率问题时，副部长斯普林克尔大谈货币主义。但在讨论结构问题时，美方更换了谈判负责人，引用的经济原理以及分析手法与之前大不相同。日本还是按照先前的思维方式进行交涉，碰壁在所难免。

在谈判中是否被此前的理论左右，双方代表的表现截然不同，而**根源在于两国政府换届形式、国内舆论、官僚机构等有所区别。**

20 世纪 80 年代初，卡特黯然下台，里根就任后签署的第一项总统令就是终止卡特此前发出的行政命令。此后，里根政府有条不紊地废除卡特时期的各项政策，全盘否定过去，成王败寇，莫过于此……因此，我对卡特抱有同情之心。

舆论方面，日方谈判代表的言论通过媒体传回后方，国内迅速做出反应。"这和当初的说明不一样""实质是违背先前的承诺"……国会闻风而动，也是好不热闹。

面对某项主张，美国总会存在正反两种意见。一旦时机成熟，之前的少数派观点很有可能一跃成为主流言论，这样的例子实在不胜枚举。

相比之下，日本国内总是一团和气，鲜有不同的声音，反而令人担心。虽然在谈判时遇到不公也能高声反对，但后续缺乏必要的理论支撑。因此，从以理服人和直抒己见的角度来看，日本多少欠缺火候。

两国官僚机构[14]的差异也是导致谈判进展不顺的根本原因之一。美国不少谈判代表是由政府高官委任的业界精英。有些人学富五车，对自己的学说深信不疑，如财政部副部长斯普林克尔；有些人感激上司的知遇之恩，殚精竭虑地推进谈判，甚至显得火急火燎。无论属于何种情况，当谈判开始时，美方代表总有一套"自己的道理"。

另外，值得留意的是，两国的谈判风格显然不同。

在美国看来，因为彼此立场有别，所以才需要谈判[15]。既然存在差别，自然需要沟通。所以，找出双方的矛盾之处就是谈判的前提。也就是说，如果谈判全局脉络清晰，只是个别问题值得商榷，那么以个别问题为重点协商解决即可。所以，在谈判前需要研究策略。以上便是美国的谈判风格，从某种程度来说，谈判于美国就像是比赛。

然而，日美谈判涉及多个领域。在 20 世纪 80 年代中期两国正式启动谈判之前，日本的谈判风格与美国迥异，至少不敢把谈判当作比赛……因此，在尚未熟悉各自的风格之前，两国存在不少误会，尤其是日方代表连连犯错……至少，这是我目睹的事实。

关于两国谈判风格的差异，佐久间贤在《谈判学入门》中详细解释道：

"日本人习惯从彼此的共同点切入，寻找可以达成共识的蛛丝马迹。如果意见相左，他们倾向于暂且搁置……美国人则把谈判视为对立，因此努力的方向或是证明日本的主张漏洞百出，或是力证自己的议案合乎情理……

"……日方代表对此感到困惑。毕竟，他们已经习惯通过不断积累共同点而加深认识、促成协议的达成……因此，如果美方在谈判时（强烈）反对，日方就会对前景感到悲观……[16]"

于是，谈判的基调就变成以日本让步为前提而研究对策。

"……一般来说，日本人注重铺垫，所以在会议初始阶段有意识地不断找出双方的共同点。美国人看重的是谈判的推进方式，因此在会谈前会精心设计场景，几个代表的分工和发言内容也早有安排，包括唱红脸和唱黑脸的角色……[17]"

所以，美国在谈判中屡屡进攻，日本则不知不觉地转为防守反击的姿态。加之媒体大肆渲染，美国显得格外强硬。

另外，国会等机构的声援也让美国谈判团更有底气。20 世纪 80 年代，日本媒体的报道总是夸大其词。素来重视两国关系的日本政府多少受到影响，继而考虑妥协，谈判的结局在这一刻便已注定。

"……欧美人在谈判时经常'威胁'对手，这也是把谈判当作比赛的反映……作为谈判'策略'之一，如有必要，威胁或能收到奇效……[18]

"……而且，美方认为'这也是日本对国际谈判规则的理解'，因此先下手为强……不过，在我看来，从 20 世纪 70 年代中后期到 80 年代中前期，日本显然还不具备这样的觉悟……谈判分歧甚多，两国渐行渐远……[19]"

"希望贵方能进一步理解我方的立场"——如此说来，日方代表的这句口头禅也在情理之中。

"……日本认为，国际谈判和国内谈判没什么区别。但在美国看来，两国政治体系大同小异。以官僚机构为例，也是'政治性极强的提名和任免'，日本理应更能理解和接受美方的观点。总之，文化差异影响谈判进程的例子不在少数，此后的谈判也不例外，无非程度有别……[20]"

总之，从理论依据、谈判风格、决策机制、现状解读等方面来看，两国显然不在一个层面。在国内业界的强烈反对中，日方严守国家利益，直面咄咄逼人的美国。最后，顶着"以发展两国友好关系为头等大事"的政治压力，又不得不耐着性子与美国周旋，内心的煎熬可想而知。

探索通用的贸易准则

20 世纪 80—90 年代，美国和日本成为全球数一数二的经济大国。两国签订贸易协议，世界各国自然格外关注。起初只是两国之间的协议，后来延伸至其他国家和地区。如欧洲各国同意加入汽车贸易协议，半导体协议演变为欧洲、韩国、中国台湾地区共同遵守。因此，日美谈判的最终结果并不局限于两国，所签订的协议实质就是国际准则。

20 世纪 80 年代，全球积极打造自由贸易区，探索新型贸易准则，最具代表性的就是多边贸易协定。这类尝试一般由主导谈判的国家发起，旨在要求对方开放市场，并把周边国家也纳入本国市场，以此树立区域贸易准则（使其他国家接受自身的贸易准则）。毫无疑问，这种模式的先行者就是美国。

基于本国经济萎靡的现状，与一个国家或是多个国家，乃至关税及贸易总协定所有成员国结盟，可以推广自身的贸易政策，最大限度地为本国经济和产业注入活力。

按照美国政府的理论，经济低迷就更应该开放市场。作为世界第一经济大国和资本主义阵营的盟主，绝不允许保护主义的存在。这也是基于对国际政治格局的考虑，美国倾向于把本国经济推向全球。

从本质来看，TPP谈判也是如此：美国为主导，确立囊括太平洋东西两岸各国和地区的贸易准则（力争按照美国的意思）。

既然区域经济合作是当今时代的潮流，为什么唯独TPP如此备受关注？或许，正是立足于对贸易准则的不断摸索，才有了今日全球瞩目的TPP概念。毫无疑问，自由贸易区的建立本身也存在竞争。作为全球范围最广的自由贸易协议，TPP的问世基于各国政治经济实力的相互作用、相互影响。

一切还得从20世纪80年代中期说起。在关税及贸易总协定"东京回合"（1973—1979年）谈判之后，围绕如何调低关税、开放市场，各成员国之间迟迟不能达成协议。

美国首先与加拿大在北美建立自由贸易区。那么，为什么加拿大会对签订自由贸易协议如此热心？当时，由于里根经济学的影响，美国经济陷入"二战"以来的最大困境，加拿大自由党皮埃尔·特鲁多（老特鲁多）政府担心美国会趋于保护主义。从20世纪80年代初开始，美国频频以反倾销法起诉或是加征关税。于是，老特鲁多尝试与美国签订自由贸易协定。之后，自由党大选失利，保守党布莱恩·马尔罗尼就任总理。1985年3月，马尔罗尼同意与里根协商《美加自由贸易协定》[21]。

当保守党还是在野党时，马尔罗尼强烈反对两国签订该协议。大权在握之后，他的态度发生了根本性的转变，政治家的善变由此可见一斑。而且，协议签署时间正好又与加拿大的大选重合，可见马尔罗尼认为这对竞选有利。

谈判历时两年，双方于1988年1月签订《美加自由贸易协定》（协议生效时间为 1989 年 1 月）。不久，墨西哥加入，《北美自由贸易协定》就此确立。

该协议涉及降低关税、投资及金融的自由化、知识产权保护、矛盾纠纷处理机制、劳动及环境标准等经济与社会的方方面面。通过建立北美自由贸易区，美国式制度被引入加拿大和墨西哥，成为各行各业的标杆。事实上，当时的墨西哥总统卡洛斯·萨利纳斯对此颇为期待："希望《北美自由贸易协定》可以扭转墨西哥国内改革失败的颓势。"

尽管协议最终奠定北美大陆的贸易准则，但在美国和加拿大签订《美加自由贸易协定》时，双方的初衷是：从侧面给关税及贸易总协定施压，敦促启动新一轮谈判，并且以此推动多边协议谈判、促进自由贸易。换言之，美加协商与关税及贸易总协定的谈判是互补关系。

另一边，欧洲自由贸易区也迎来扩张的良机。在苏联解体之后，东欧各国有所动摇，并转而相信：只有与市场经济发达的国家和地区密切保持联系才是本国发展的出路。于是，大西洋以西是美、加、墨结盟的北美自由贸易区，大西洋以东则是欧盟不断扩大版图，世界经济格局由此一分为二[22]。

这股风潮也波及亚洲，而主导自由贸易谈判的正是日本。

20 世纪 90 年代末，日本仍是世界三大经济力量之一。既然欧美积极组建各类自由贸易区，亚洲岂能毫无动静？日本打算一一约谈东盟各国，分别签订《经济伙伴关系协定》（简称 EPA），却又担心遭到拒绝。

事实证明，日本纯属多虑。20 世纪 90 年代初，我在新加坡出席

"世界经济论坛"① 时，听到泰国总理亲口承认："泰国计划就自由贸易协定与日本谈判。"此外，我在拜访新加坡副总理时，对方也表示："吴作栋总理出访日本，届时会正式向首相小渊惠三提议协商两国自由贸易协定。"

欧美自由贸易区的扩张对亚洲也是不小的震动，因此，东盟国家有意与日本签约。

此外，我曾陪同政要与中国外经贸部部长会面，中方曾问询："究竟什么是自由贸易协定？"可见，当时的中国对此很有兴趣。此后的中国积极与东盟各国签订协议，以签订自由贸易协定的方式与邻国建立紧密联系。

不过，中国主推的自由贸易协定与日本略有不同。根据《关税及贸易总协定》第 24 条，发达国家与发展中国家对自由贸易的定义存在差异。

发达国家在签约时对贸易的自由化率要求更高，而中国和东盟等发展中国家签订的协议尺度较宽。为了避免对本国经济造成冲击，签约的门槛也大为降低 [23]。

综上所述，面对瞬息万变的国际形势，亚洲呈现日本和中国并驾齐驱的局面。以"东盟 +3"（中国、日本、韩国）或"东盟 +6"（中国、日本、韩国、印度、澳大利亚、新西兰）的形式，中、日两国争先恐后地以东盟为轴心建立自由贸易区。

---

① 由于首届在达沃斯举办，又被称为达沃斯经济论坛。——译者注

亚洲自由贸易协定的竞争及背景

步入 21 世纪，世界经济格局发生了天翻地覆的变化。

基于 20 世纪 90 年代以来美国金融和经济改革的深入，加之老布什政府强迫别国开放金融市场，金融全球化的浪潮渐渐波及欧洲发达国家。毕竟，美国需要向欧洲出口金融资产，以此填补贸易赤字。而且，金融全球化（包含美国低利率对欧洲的影响）也是美国对外输出自身金融制度的必然结果。

21 世纪初，在美国低利率的刺激下，欧美各国的金融行业相继缓和，过剩的资金也在发达国家之间流通。这与"金砖国家"① 的资金调度有所区别。发达国家的资金主要用于金融资产的买卖，而基于亚洲金融风暴等教训，金砖国家，尤其是中国和印度，倾向于以外汇储备的形式把资金用于长期投资，即投向实体经济。

因此，在步入 21 世纪之后，发达国家的金融市场趋于稳定，过剩

---

① 金砖国家包括巴西（Brazil）、俄罗斯（Russia）、印度（India）、中国（China）、南非（South Africa）。因其引用了首字母组成单词"Brics"与英文"砖"（Brick）读音相近而得名。——译者注

资金催生金融证券化，证券产品等各类金融资产相继诞生。另外，以金砖国家为代表的发展中国家则全力以赴地投资实业，促进出口生产能力提升[24]。

金砖国家的出口能力提高，而欧美市场的金融证券化水平也处于高位，因此不愁生产过剩。以中国为例，经济的腾飞源自出口和投资的双向拉动，堪称发展中国家供给提升与发达国家需求增长的完美结合。

与此同时，占据地利的东盟从中国和欧美市场双双获利，依托出口主导型经济实现高速增长。而且，随着亚洲整体的飞速发展，日本、韩国及东盟的零部件纷纷涌入中国，在中国完成组装后出口北美、欧盟等大型市场。"内部分工合作""对外出口欧美"的生产方式悄然形成。在21世纪初，亚洲迅速成为"世界工厂"，日益发挥重要作用[25]。

因此，在东亚建立包含供应链在内的广泛经济合作关系成为当务之急，日本和中国围绕东盟积极打造自由贸易区。

鉴于各国想法不尽相同，对自由贸易的构想也是五花八门，最具代表性的是"东盟＋3""东盟＋6"和"环太平洋自由贸易协定"。在争相签订自由贸易协定的混战中，又有新的设想（以及相关国家的谈判）脱颖而出，在此梳理如下[26]：

●**以东盟为枢纽的自由贸易区**：基于"东盟＋6"理念发展为包括整个东亚地区的"区域全面经济伙伴关系协定"（简称RCEP）。2012年东盟首脑会议正式宣布启动RCEP谈判。

●**亚太地区自由贸易区**：APEC首脑会议确认建立亚太地区自由贸易区（简称FTAAP），不过，尚未正式推进。

●**中日韩自由贸易协定**：三国同意协商，但尚未展开实质性谈判。

当然，仅凭理念和设想不足以打造自由贸易区。比较上述三个方案，我认为最具活力的是第一个。由于中国和日本均试图提升区域影响力，为拉拢东盟势必明争暗斗，客观上也能带来活力。

无论是以上哪个方案，东盟各国都貌似倾向于中国。

就方案三而言，日本为了避免中国一家独大，把印度、澳大利亚和新西兰也纳入了协议范围。

从 20 世纪 90 年代到 21 世纪初，中国和东盟的经济节节攀升。尤其是 2008 年 9 月"雷曼事件"导致经济危机爆发以来，中国迅速集结大量人力与物力把影响降到最低。在中国的引领下，东盟等东亚国家依然保持高速发展的态势。

因此，与亚洲加强联系也是欧美的必然选择。在遭遇前所未有的经济和金融危机之后，美国巧用"跨太平洋伙伴关系协定"（简称 TPP）谈判打入亚洲。

从地理环境来看，美国位于太平洋东岸，无论怎样花言巧语，终究不算亚洲国家。因此，APEC 倡导的亚太地区自由贸易区最为理想。不过，虽然美国想一举签订如此范围宽广的区域合作协议并非易事，但也不能放任不管，坐视亚洲壮大。

于是，美国政府把目光投向当时还不起眼的 TPP，在表达加盟的意愿后着手谈判。因此，扩充 TPP 的建议与加入亚太地区自由贸易区的初衷可谓殊途同归。而且，把 TPP 发展壮大也可以打压以东盟为枢纽的亚洲自由贸易区建设，这一步棋可谓意味深长 [27]。

TPP 由新加坡、新西兰、智利、文莱于 2006 年创建。四国的经济规模虽然不大，但是设定的自由化目标极高，因此引起了美国的注意。

在经历雷曼危机的风雨飘摇之后，2009 年 1 月，民主党贝拉克·奥巴马出任美国总统，推出以加大出口为核心的经济复兴计划，出口的对象主要是亚洲。之后，美国、澳大利亚、秘鲁、越南纷纷表示出加盟的兴趣，与四个创始国正式启动 TPP 扩容及条例修订的谈判[28]。

同年，日本首相菅直人公开表示"正在为 TPP 协议的谈判做准备"。2011 年，首相野田佳彦进一步确认"已经启动与各国的协商"，实际上日本并未真正展开行动。2011 年，马来西亚决定加盟。2012 年，墨西哥和加拿大相继抛出橄榄枝，TPP 扩大到 11 国。

2012 年 11 月召开的东亚峰会①，同时也是 TPP 首脑会议，会上正式提出"2013 年完成协议签订"的目标。据此，首相安倍晋三于 2013 年 3 月宣布"日本也会参加谈判"。

后话暂且不表，而在美国和第三经济大国日本先后加盟之后，TPP 的影响力自然不容小觑。受此刺激，中国和韩国燃起对中、日、韩自由贸易协定的热情。建立自由贸易区的谈判浪潮再度兴起，最具代表性的就是欧盟与美国启动跨大西洋贸易与投资伙伴协议谈判、中国决定与欧盟协商建立自由贸易区[29]、韩国宣布参加 TPP 谈判[30]。

此前陷入低迷的世界贸易组织谈判也因此反弹。在停摆十年之后，2013 年 2 月，159 名成员国重启多边贸易谈判，就贸易促进、农业补助金、研发问题三个方面达成共识[31]。眼见发达国家积极推动自由贸易协定的签订，广大发展中国家"感觉被抛弃"的焦虑由此可见一斑。

———

① 东亚峰会是与东盟峰会同期举行的年会，由东盟轮值主席国主办。——译者注

TPP 谈判及确定的准则

TPP 涵盖亚太地区主要国家，堪称宏伟战略，也符合全球化进程的几点时代特征：

第一，把有可能阻碍经济活动的边境壁垒减到最少。

第二，建立区域贸易准则，"着眼未来"。

第三，在经济发达地区率先签订自由贸易协定之后，其他地区争相效仿。如果处置失当，有可能成为"二战"前的闭锁集团经济区（Bloc Economy）①。因此，必须高举自由贸易、扩充自由经济的大旗，这归根结底取决于能否"着眼未来"。

由此看来，当前各类自由贸易区的成立初衷还是发展自由经济。各国争先恐后地签订协议，所幸没有背离"发展自由市场"的前提。

至于美国为什么主导并推动具备全球化特质的自由贸易谈判，答案不言自明——自身经济实力下降，因而要调整对外贸易政策。具体来

① 自 1929 年经济大萧条以来，各国竞相拉低本币价值，导致外汇市场混乱、交易风险大增、出口日益萎缩等。于是，各国开始结营自保，依托自己的殖民地和势力范围形成闭锁集团经济区。有历史学家认为，这是导致"二战"的原因之一。——译者注

说，通过建立自由贸易区明确对本国有利的贸易准则、确保优势地位。所以，当前的贸易政策完全适合创建自由贸易区，美国试图通过制定规则和标准争取最大利益。

如今，各国的贸易竞争已经从单纯谋取物质财富转为确立利于生产的优势地位，最终围绕贸易准则明争暗斗。

自"二战"结束以来，无论出于真心还是故作姿态，至少在20世纪70年代之前，美国始终推崇自由贸易。美国国内各类经济实体或多或少从中受益，大中小企业、农业、工会、当地原住民等虽然具有各自的立场和利益，但也能团结在自由主义的大旗之下。换言之，单个群体或许势单力孤，但集结于自由贸易旗下就能构成绝对多数。美国经济因此独霸全球。[32]

自20世纪60年代中后期以来，美国在纺织品、钢铁、电视机、汽车等领域逐渐被海外国家赶超。其中，日本风头最劲。随着自身实力的下降，相关行业的从业者转而寻求国会和政府的庇护，保护主义由此兴起。与此同时，原本各行各业齐心协力推动自由贸易的局面开始出现松动。

不过，美国大型企业早已实现跨国化经营，封锁本国市场只会招致海外的报复，因此断不可行。内有保护主义抬头，对外不得不坚持自由贸易，美国的政治家高明地找到平衡之道——对出口国施压，比如要求日本实施自愿出口限制。

之后，美国依然不能扭转颓势，经济进一步恶化[33]。于是，从20世纪80年代中期开始，美国调整贸易政策，从封锁本国市场转为与出口国签订双边协议，以此打开对方市场。在关税及贸易总协定被世界贸易组织取代之后，自愿出口限制的手段不再得到认可，这也是促使美国做出改变的原因之一。

从20世纪80年代末开始，随着产业技术含量的提高和服务行业的兴盛，美国的贸易政策呈现新的变化，重心从第二产业转到第三产业。同时期的金融全球化也是美国新型贸易政策的产物。

另外，为了制定包括制造业在内的各类经济活动准则，推动市场更为自由开放，美国发起自由贸易协定的谈判，试图把周边国家纳入本国市场。

美国打造自由贸易区的努力引起竞争对手的连锁反应，欧盟和日本相继效仿，几个经济大国争相在全球推广自由贸易协定。

如此一来，当今世界呈现"大区域主义"[①][34]的新格局。基于最惠国待遇的条款，某自由贸易区实施的贸易准则理所当然会被列入其他自由贸易协定。

TPP的谈判基本延续上述思路。与此前的自由贸易协定相比，TPP对于自由度的要求更高，而且最终目标是覆盖太平洋两岸所有地区，范围也更为广泛。根据经济产业省的资料[35]，TPP协议涉及以下21个领域：

1.商品市场（农业、纺织服装业、工业等）准入：在废除或削减关税的同时制定商品贸易的基本准则。

2.原产地限制：承认"签约国的原产品（在签约国生产的商品）"属于关税减免对象，为此制定相应标准及认证制度。

---

① 大区域主义是指在自由贸易协定的签署国中至少有两个超级经济体，如欧盟、美国或者其他经合组织大国。——译者注

3. 促进贸易：提高贸易准则的透明性、简化贸易手续等。

4.《卫生与植物检疫措施》（简称 SPS 协议）：制定确保食品安全、动植物健康的相关准则。

5.《技术性贸易壁垒协议》（简称 TBT 协议）：为具有安全、环保等特殊要求的产品及生产过程制定准则。如果存在指定规格，审查该规格是否对贸易构成阻碍。

6. 贸易救济：某进口产品猛增导致或有可能导致本国产业受损，为此启动保障条款，采取应急措施。

7. 政府采购：针对中央或地方政府集中采购的产品或服务，明确参与方一律享有国民待遇，制定招投标流程等。

8. 知识产权：制定充分保护知识产权的法规，禁止仿品和盗版产品的流通。

9. 竞争政策：改进竞争法及相关政策，加强政府间的合作，杜绝卡特尔等垄断组织妨碍自由贸易。

10. 跨境服务：对跨境服务采取无差别待遇和数量限制等措施，改进市场准入准度。

11. 临时入境服务：针对从事贸易、投资等需要临时入境、短暂逗留的人群，明确相应要求和申办手续。

12. 金融服务：为跨境金融服务制定特殊准则。

13. 电信服务：制定电信领域法律法规，明确运营商的权利和义务等。

14. 电子商务：整顿电子商务，制定必要准则。

15. 投资：无差别对待国内外投资家（国民待遇、最惠国待遇），明确投资纠纷的解决方法。

16. 环境：制定相应标准，为贸易和投资营造良好环境。

17. 劳动：制定相应标准，为贸易和投资提供充足的劳动力。

18. 制度：设立协调国家之间谈判、履约等事务的"合同委员会"，明确职权范围。

19. 解决纠纷：制定相应流程，解决因对协议条款解释不一致而产生的纠纷。

20. 合作：面向国内体制尚不健全的签约国，提供技术支持，帮助培育人才。

21. 跨领域事项：针对涉及多个领域的准则和制度，确保不会影响贸易。

如何评判 TPP

在本章的最后，我想在此探讨对 TPP 谈判的观察角度以及评判方法，主要包括六点：

第一，对"二战"以来美国建立、改进自由贸易制度，以及之后衍生的变化，我认为，只需审视美国在倡导自由贸易的同时如何应对国内保护主义的兴起。因此，需要结合贸易政策的演变过程辩证来看——从保护国内市场，到渗透对方市场，再到把周围高速发展的国家和地区纳入本国市场，建立自由贸易区。

第二，谈判采取守势，往往另有隐情。在此引用媒体的报道如下，试着分析 TPP 谈判的攻守 [36]：

"……坚守（以农作物为中心）阵地成为谈判的目标，日方代表似乎集体陷入误区，过于咬文嚼字。其实，TPP 谈判的本意并不在此……

"……'国有企业'限制就是代表案例……据说，废除融资担保等优待、由市场自由定价的方案当时被提上议程，日本企业对此颇为敏感，尤以日本邮政株式会社董事长西室泰三为最。一旦被 TPP 认定属于'国有企业'，公司就被套上了枷锁，不利于长远发展。因此，必须先下手为强，摆脱'国有企业'的标签。于是，在国内外投资家的帮助下，日本邮政成功上市。为此，西室董事长还与竞争对手美国家庭人寿保险公司秘密签订合作协议……

"……国有企业的定义由TPP协商确定，日本邮政是否属于国企，最终取决于协议内容。没有寄希望于对外争取，而是自立门户以免被条条框框束缚，这是典型的'防守心态'……

"……电子商务则是'进攻'的一例……网络业务素来被誉为法外之地，树立行业标杆也是TPP谈判的使命。例如，日本苹果手机用户下载音乐是否等同于进口？或者属于跨境业务，是否适用知识产权保护条例？……日本勇于挺进世界，建立合资公司，通过制定规则确保自身的优势地位，这从某种程度来说就是'积极进取'……"

第三，谈判需要从多个角度审视。以商品市场准入之一的农作物为例，作为进攻方的美国也有采取守势的时候，参考下文日本贸易振兴机构的报告[37]：

"……关于进口农作物，如砂糖、乳制品等的关税谈判，美国在过去也是攻守兼备……砂糖可以作为廉价原料，因此食品加工业对扩大进口表示欢迎，但美国的砂糖厂商可不答应，要求'严守'自由贸易协定……

"……新西兰是乳制品出口大国，来自加拿大和日本的进口量也在不断增加，美国为此大伤脑筋……众议院主管贸易问题的议员恰恰来自乳制品大州——加利福尼亚，乳制品问题自然成为国会重点关注的对象……"

而且，TPP 关税谈判的结果未必适用于全体成员国。面对此前没有签订 TPP 协议的国家，美国明确表示关税谈判需一事一议，没有统一标准。此外，对 TPP 成员国来说，同一产品的税率也有可能不同。

"……例如，对乳制品大国新西兰征收高额关税，而如果是从不生产乳制品的国家进口，关税或许会下调不少……"

当然，具体如何执行，取决于双方的谈判结果。倘若果真如此，交易就变得复杂许多，也需要制定规则、排除隐患。换言之，谈判更为细致，但讨论的方向也更抽象。

"……假设新西兰产的乳制品在马来西亚加工完成，出口美国的关税就会减少许多。为防患于未然，美国只能对马来西亚出口的商品提高关税……"

第四，参与谈判的国家和不参与谈判的国家如何协调？以纺织品为例，美国在以往协议中明确规定：基于原产地原则，若要享受协议税率，产品从生丝到最终成品的全过程都必须在自由贸易区内完成。

对外防止中国纺织品、对内保护本国产业，美国应该在多大程度上坚持"从纱开始"原则？另外，面对 TPP 成员国越南（有意加大纺织品对美国的出口），美国应该给予多少优惠才能彰显两国友好？孰轻孰重，这是摆在奥巴马政府面前的难题。而且，政府的举措也会直接影响 TPP 谈判的进程。

第五，在处理这类错综复杂的事务时，美国贸易代表的敏感性显得尤为重要。毫无疑问，美国贸易代表迈克尔·弗罗曼与总统奥巴马的交情、对美国行业问题的基本态度、对谈判事项的优先级排序等，直接决定美国的政治敏感度，攸关 TPP 谈判的成败。

第六，战略思考必须立足国内外现状，谈判切入的角度十分关键。例如，基于本国的政治环境，奥巴马政府在协商 TPP 时，就对他国劳动法的完善程度颇为重视。工会是民主党竞选的坚强后盾，因此，奥巴马政府对外要求别国完善法律、提高劳动者收入水平，避免对美国构成低价威胁。既要推行自由贸易政策，又要巩固政治基础，两者如何平衡也是一大考验。

据说，在处理企业竞争时，美国政府倾向于给国有企业添加限制条款，从而保护民营企业。在 TPP 协议国中，越南和马来西亚的国有化程度较高，也是美国采取限制措施的最大受害者。此外，中国虽然尚未加入谈判，不过是时间问题。

关于涉及"国有企业"的竞争，美国的处理方法基本如下：

"……首先，把政府拥有 50% 以上投票权的企业定义为国有企业，与民营企业、外国企业区分，严禁优先与本国企业交易的行为……为了确保国内外平等对待，一般给予国有企业五年的调整期。之后，一旦发现国有企业的经营活动有失公平，可以向联合国仲裁机构上诉。鉴于国有企业的特殊性，民营企业不可基于 ISDS 机制① 向进口国起诉……[38]"

而且，美国特别强调，五年的调整期专门为越南而设。当然，在分析、研究时需要把握前因后果，具体情况具体分析。

---

① 投资者－国家争端解决机制（简称 ISDS），是指外国投资者同东道国政府之间，因投资关系而产生争端的解决机制。——译者注

TPP 谈判进程的影响及政治动态

不必等到谈判结束，TPP 协商对经济的影响已经显现。谈判本身要求对结果有所预料，继而未雨绸缪，展开行动，这对企业和业界来说尤为重要。

在日本宣布加入 TPP 谈判后，时任内阁官房长官的菅义伟于 2013 年发表声明："安倍政府的主要任务是振兴经济，当前的重中之重就是 TPP 谈判。"言下之意，TPP 是"安倍经济学"第三步（通过创新培育新型产业）得以实现的土壤，也是引爆全局的关键。

事实上，自从日本参加 TPP 谈判，改革便已萌芽。例如，农业协会开始正视农产品和加工品占农业出口近四成的现状[39]。预感农业的进口壁垒迟早会被打破，农业协会积极与日本经济团体联合会联系，寻求合作的可能。放在过去，这简直不敢想象。基于这样的背景，安倍政府一改以往的"粮食减产政策"，正式对农田实施集约化管理[40]。

既然决定参加 TPP 谈判，开放农业势在必行。所以，引导更多企业投身农业，培养龙头企业，提高行业竞争力也是政府的当务之急。安倍政府调整农业政策的做法影响巨大，不少业内人士因此深感焦虑，而且这类危机意识不能轻易化解。既然前路渺茫，只能殚精竭虑，探索新的方向。

这就是改革的魅力所在，而打破既得利益的束缚正是改革所肩负的使命。所以，改革成功必然招致既得利益者的嫉恨。改革越成功，树敌也越多。

21世纪初，自称"改革派"的克林顿入主白宫。在两年后的中期选举时，他轻巧地把"改革"的旗号甩给众议院议长、共和党人纽特·金里奇，自己则摇身一变成为"保护弱者的先锋"。由此可见，在取得成功之后，强如克林顿也会有意淡化改革色彩，避免招致反感。

迈入2014年，菅义伟毫不讳言："今年最优先的目标是发展经济[41]。"身为改革派自然难免树敌，而日本经济的振兴也需要农业"从保护主义转向积极出口"。对安倍政府来说，只许成功，不能失败。

另外，政治也是具有连锁效应的比赛。在美国和日本正式加入TPP谈判后，自由贸易协定的热潮也呈现新的发展态势。

首先，其他地区如法炮制。在美国和欧盟启动跨大西洋自由贸易区谈判后，日本也迅速与欧盟协商自由贸易协定。

其次，中、日、韩三国加快自由贸易协定的谈判，据传中国也与欧盟启动谈判。此外，韩国公开表达了对加入TPP的兴趣。

再次，在主导"大区域主义"的几个大国周边兴起小型自由贸易区的建设，仅2013年便有马来西亚和澳大利亚、韩国和土耳其、加拿大和巴拿马等国家签署了子协议，日本贸易振兴机构称之为"卫星自贸区"（Satellite FTA）。

当今时代，各国争先恐后地签订自由贸易协定，具有普遍性的贸易准则得以深化发展，这势必会对日本企业的未来产生深远影响。以"累计原产地标准"①为例：

根据媒体披露的 TPP 谈判内容，即便某一产品的生产加工涉及多个国家，只要附加价值累计增加 50% 以上，便可免除进口关税[42]。

TPP 不少成员国已加入东盟、北美自由贸易区等贸易协定，引入"累计原产地标准"有助于整合贸易体系。而且，为了充分发挥 TPP 的作用，各成员国之间理应遵守该制度，这对日本企业也是利好消息。

"累计原产地标准"一旦获得通过，即使技术含量即附加价值较高的生产环节在本国完成，日本依然可以获得"TPP 制造"（Made in TPP）的证明，在向盟国出口时可免除关税。由此，日本企业可以有效利用遍布亚洲的子公司和客户，减少不必要的海外业务。而且，在贴上"TPP 制造"的证明后，日本产品进入美国市场应该也不用缴纳关税。

最后，作为本章乃至本书的结尾，在此补充个人认为至关重要的两点：

第一，日本的 TPP 谈判是双管齐下的过程。既包括与全体成员国共同协商，也包括与美国单独谈判。根据经济产业省的档案显示，2013 年 4 月 12 日，美国贸易代表办公室披露如下信息：

"……在 TPP 谈判的同时，美国政府与日本政府另行协商汽车贸易问题。对汽车贸易问题的谈判遵守世界贸易组织的原则，也属于两国政

---

① 累计原产地标准（Origin Cumulation），是优惠原产地规则中实质性改变标准的一种，是指在确定受惠国产品原产地资格时，把若干个或所有受惠国（地区）视为一个统一的经济区域。在这个统一的经济区域内生产、加工产品时所得的增值，可以视为受惠国的本国成分加以累计。——译者注

府的职权范围。谈判成果写入 TPP 协议附件——日美市场准入清单，因此适用于 TPP 协议的争议解决办法。而且，双方一致同意：如有必要，可以采取特殊手段，在现行最惠国关税的基础上提高税率……

"……汽车贸易问题谈判就以下方面基本达成共识：特殊保障条款、透明性、标准、进口车特别处理制度（PHP）、环境保护、新技术、补助、流通、第三国协助……

"……美国与日本同意：汽车管理部门对上述环节不得设置关税壁垒，其他领域及相关管理部门也应致力于消除关税壁垒……

"……（关于除汽车贸易问题以外的谈判），美国提议以下内容：保险（与日本邮政对等的竞争条件）、透明性（改进发布公开评论的流程，增强省厅下属审查部门的公开性，给予民众表达意见的机会）、投资（董事长权限、推动并购）、知识产权（加强对著作权等的保护）、标准（基于国际标准，增强制度的透明性和弹性）、政府采购（改善招投标制度，避免私下串通）、竞争政策（审查、预决定、申请复查的手续）、邮寄（确保可以与日本邮政提供的国际邮寄业务公平竞争）、动植物卫生检查（食品添加剂的危害评估、防腐剂、明胶、胶原蛋白）……"

第二，作为主要谈判对手，美国谈判方式及签约意愿的变化值得重视，需要把握时机。通过以下发布于 2013 年年末的报告[43]可以一探究竟：

"……2013 年 12 月 1 日上午，日美高层在大仓饭店的餐厅会面。出席官员为官房长官菅义伟、农业大臣林方正、财务大臣甘利明，美方为贸易代表弗罗曼、代理副贸易代表温蒂·卡特勒……菅长官有和首相共进午餐的安排，因此计划 11 点离席……

"……得知此事后，弗罗曼催促道：'既然菅长官专程前来，那就把汽车贸易问题敲定吧！'菅义伟回答：'在此之前，我们需要谈妥五类农产品的问题……'当时，日本提出，米、小麦、牛肉等五类农产品的进口只能免除部分关税。能对国民经济的命脉做出如此让步殊为不易，但弗罗曼依然要求全免。双方争执不下，在甘利明表示'一厘米也不能退让'之后，谈判彻底破裂……

"……12 月，TPP 部长级会议于新加坡召开，首席谈判代表大江博与卡特勒秘密进行此前中断的谈判。两国代表夜以继日地展开磋商，好不容易获得卡特勒的认可，结果又被弗罗曼推翻。弗罗曼是奥巴马总统的亲信，态度如此强硬想必也是得到授意，这也是卡特勒和大江无法触及的禁地……[44]"

这篇报道有几分可信度，外界无从得知。不过，由此可见，谈判能否成功取决于天时地利人和。在《日美金融服务协议》签订之后，相关部门组织总结大会，与会的久保田勇夫也在著作中记下众人的反思[45]：

"副大臣：关于这次谈判，有什么经验教训值得总结？

"B 科长助理：在决定签约之前，美国始终寸步不让。但是，一旦得出结论，美国马上就在协议上签字……

"副大臣：没错，美国在决策阶段极为慎重。但是，只要得出结论，之前的主张、顾虑等也就抛之脑后……

"A科长：美国当然希望对内有所交代，而且美国业界在背后的影响力或许远超我们的预想。哪些能让，哪些不能让，可能还是业界说了算……

"副大臣：原来如此……如果业界的影响力真有那么大，我们在谈判时首先需要把握时机，确认对方是否真有签约的意愿。其次，了解业界对此的看法至关重要。换言之，如果美国业界不满意，我方再怎么让步也无济于事……"

那么，如何看准签约时机？

此前，鉴于《贸易促进授权法案》（简称TPA）迟迟未能获得通过，与奥巴马政府谈判的国家无一不是忐忑不安。2014年年初，白宫与国会常务委员会达成共识，对该法案的审议通过志在必得。

如果事实果真如此，TPP协议也会作为审议资料上呈国会。由于TPA获得通过，国会只能举行支持或否决的投票，而不能逐条审核修订。而且，为了增强说服力、争取国会认可TPP，贸易代表办公室也会附上补充资料，罗列签约国如日本做出的让步。

在日本看来，为了帮助美国政府顺利通过国会的审核，自身还需做出更多让步。事实上，基于这类考虑的妥协案例俯拾皆是。2014年11月，美国迎来中期选举。执政党民主党与在野党共和党会怎样把TPP谈判的内容转化为竞选的利器？……日本于4月提高消费税，掌权者想必也已感受到增税的压力，届时会怎样看待TPP协议的内容，会不会拒绝签约？……综上所述，即便双方有意签订TPP协议，也需要视签约时机、彼此国内环境以及业界接受程度而定。这也考验两国谈判负责人的能力。

从 2014 年 4 月 23 日傍晚至 25 日上午，奥巴马出访日本。安倍希望加强日美同盟。

虽然连任成功，但是好不容易在国会获得通过的奥巴马法案实际效果不如预期，在俄罗斯出兵克里米亚时也缺乏有效应对，奥巴马的领导力遭到质疑。因此，在中期选举前的民意调查中，奥巴马的支持率不容乐观。倘若再有闪失，只怕还有提前下台的可能。

与当年冲绳问题牵扯纺织品谈判如出一辙，把钓鱼岛纳入《日美安全保障条约》的协商也与 TPP 协议挂钩。关于此次会谈的意义，《日本经济新闻》点评说[46]，"TPP 与安全保障问题被放到一起讨论，彼此相互影响……安倍政府此前宣称，TPP 并非单纯的贸易协议，而是日美建立亚太地区新秩序的长期战略，可以有效牵制中国。虽然美国对此表示认同，但是谈判进程并非一帆风顺……在会谈前一晚，双方代表于某寿司店交流。奥巴马总统率先出招，承诺会向安倍首相挑明把钓鱼岛纳入安保条约。之后的话虽然没有明说，但总统的意思显露无遗：既然美国已经做出让步，日本就不应再对 TPP 谈判过于坚持……"然而，直到奥巴马离开日本，TPP 协议还是没能签订。不过，美国未必感到失望。

结合美国的国内形势来看，《贸易促进授权法案》前途未卜①，中期选举也岌岌可危。此外，汽车贸易问题悬而未决，本应作为民主党坚强后盾的工会也不再是铁板一块，农业联盟（尤其是猪肉厂商）也出现不

① 直到 2015 年 5 月 22 日，该法案才在参议院以 62 票赞成、37 票反对的结果通过，之后又在众议院顺利通过。2015 年 6 月 29 日，该法案在奥巴马签署之后正式生效。——译者注

和谐的声音，想在此时获得国会授权无疑难比登天。从选情来看，TPP协议能否签订对选举影响不大。

因此，两国如果草率签约，非但毫无成果可言，反而会成为将来的负担。奥巴马深知TPP协议的作用在于促进美国出口、渗透亚洲市场、打压中国，所以访日之旅旨在建立友好关系，TPP协议以后再签也不迟。等到时机转向对美国有利，再想办法迫使日本接受条件。在此之前，两国保持接洽即可，吵吵闹闹也无妨。虽然这样的想法有些超前，但谈判的精髓何尝不是如此？

如果事关国际政局，美国的外交政策就更为扑朔迷离。《纽约时报》对奥巴马的亚洲之旅连续发表独家报道，大意总结如下：

"……奥巴马总统的亚洲之行取得巨大成果……美国与亚洲各国进一步加深友好关系，在安全保障等方面联系更为紧密。美国无意与中国对立，因此与各国发表联合宣言时也是字斟句酌……另外，奥巴马总统呼吁中国缓和当前的紧张局势、维护中美关系的稳定……沟通协商才是唯一的出路……"

在审视自身的国际地位以及在TPP协议中的定位时，日本同样需要高瞻远瞩、深谋远虑。

后记

从 20 世纪中叶以来，日本陷入"失落的 20 年"。直到"安倍经济学"问世，日本经济总算迎来复苏，而东京赢得奥运会主办权就是最好的证明。身为国民，我也是不胜欣喜。

本书的第 1 章到第 5 章，着眼于日本曾经的光辉岁月。既有战后百废待兴、1964 年凭借东京奥运会重新起航的卧薪尝胆，也有跃居世界经济第二、几乎赶上美国的意气风发，侧重点还是基于产业倾轧的贸易谈判史。

书中登场人物众多，我有幸与其中几位见过面。例如，第 1 章在介绍纺织品问题时提及的麦克·正冈。20 世纪 80 年代初，我作为日本贸易振兴机构的观察员常驻纽约，关于美国国会及政治人物的动态等时常向正冈先生请教。

正冈因为向美国国会索赔而早已闻名遐迩 [1]，可惜我却孤陋寡闻。见我刨根问底地打探国会的消息，正冈总是微笑着回答，和蔼可亲的长者

---

[1] 麦克·正冈（1915—1991），日裔美国人。珍珠港事件之后，美国强行关押在美日裔，麦克·正冈为此向美国政府要求平等待遇。——译者注

形象令我终生难忘。

此外，美国律师斯汤顿·安德森在钢铁和汽车贸易问题谈判时对日本多有帮助，对我也格外关照。他时常抱怨日本媒体对美国国会动态的报道过于夸张，也不止一次对我说："贸易谈判从某种程度来说就是一场比赛。"如今回想起自己当时茫然不解的模样，我也是忍俊不禁。而且，当年的我无论如何也想不到20年后还能把这份感受写入后记。

20世纪90年代初，我再度常驻纽约。《纽约时报》总编迈克尔·列维塔斯时常发表专栏评论，对我也多有指点。在他的鼓励下，我也鼓起勇气两度投稿，分别是在1981年12月和1984年2月。正值两国贸易战进入白热化阶段，提笔的初衷只是希望能让美国了解日方的主张。幸运的是，两次投稿都被报社录用。

第一篇刊登于1981年12月28日，正是老布什启程出访东南亚的当天。最初的标题是《令我沮丧的经历》，《纽约时报》在发布时把它改为《我为你歌唱》。修改后的标题出自北美独立战争时的歌词，从热爱美国的角度解读也更容易被人接受。

在此引用全文如下，作为个人的纪念。

我为你歌唱

某日打开电视，换到C-SPAN频道，正巧看到众议院多数党领袖理查德·盖法特和其他来自汽车生产州的议员宣布他们的立法计划，以此限制从日本进口汽车。作为"二战"之后出生的日本人，我对这则消息既惊讶又沮丧，长期以来对美国自信、自立和自律的美好印象就此崩塌。

议员们在发言中指责日本犯下的各种"罪行"。第一位议员断言日系车是导致美国经济衰退的原因之一；第二位议员推测日本市场一定存在"问题"，因为即使美系车的质量有所提高，日本进口的美系车依然没有增多；第三位议员的表现毫无逻辑可言，令人大跌眼镜。当一位记者指出美国消费者购买日系车是出于喜欢时，他却回答说："失业者可不是消费者。"

当初，美国制造商坚称美国汽车行业需要"喘息的时间"，因此日本同意自愿实施出口限制，转眼已经超过十年。在此期间，美元大幅回落，对美国有利。举一个简单的例子，20世纪80年代中期某件日本产品的售价是1美元，如今则是2美元。为了渡过难关，日本业界竭尽所能。我也高兴地看到，总体算是成功的。

十年不可谓不漫长。是的，在过去的十年中，美系车的质量确实有所提高，但还不足以赶上日系车。日本国民可不懂任何魔法，因此唯一能得出的结论就是，美国对汽车行业的整顿还不够，或者说尚未达到买家的预期。

责怪别人容易，而且日本在国际贸易市场长期扮演着被人挑剔的角色。但是美国人民应该记得，在过去四分之一个世纪里对日本的口诛笔伐于美国产业水平的回升帮助不大。

盖法特先生和其他议员可以为自己的国家做很多重要的事情：他们可以鼓励公司制定长远规划，以此改善美国企业的管理环境；他们可以尝试缓解收入的两极分化，避免企业高管轻松赚得天文数字般的收入而员工却惨遭解雇；他们可以把美国社会的重心从消费引向生产；他们可以减少仍在增长的财政赤字，从而把更多的资金投向私营经济。

原则上，我希望美国可以回归我所熟悉的印象。我从小就把美国看作强大、自律、训练有素的知心密友，而不是轻易指责他人的市井无赖。我希望美国总统能够继续引领世界，而不是如现在某些人那般更像个汽车推销员。

最重要的是，我希望美国人民知道，如果有一个国家真诚地希望美国经济可以复苏，那一定是日本。

如今回顾，文字相当直白。当初提笔之时，脑中首先浮现的是20世纪60年代名噪一时的西部片《原野奇侠》（*Shane*）。主人公平时悠然度日、与世无争，一旦有事发生，毅然挺身而出、快意恩仇。这样的孤胆英雄或许已经不合时宜，但对当年血气方刚的我来说，这才是美国应有的形象。

另一篇是我给编辑写的一封信，刊登于1984年2月28日的《纽约时报》。就在不久之前的日美首脑会议中，细川护熙明确对克林顿说"不"。

美国贸易代表把日本想得太简单

致编辑：

最新一轮日美贸易谈判"失败"表明，面对"最为重要的"国际伙伴，美国往往以自我为中心，凡事想得过于简单。具体表现为：提出不切实际的要求（如目标值）；一旦未能达成共识或对方违约，便会威胁或采取报复措施。

这样的场景似曾相识，我不禁好奇美国谈判代表是否了解日本经济体制和社会运作的复杂性。我对此的总体印象是，美国擅长勾勒愿景，然后要求日本将此转变为现实。当现实与理想存在偏差时，美国不是调整设想，而是发泄不满。

用一位政府官员的话来说，日本的官僚机构如今已成美国的"敌人"。任何国家的经济活动都是多种因素相互作用的结果，包括行业生产率、个别公司战略、公司与股东之间的关系、习惯和偏好、法规以及立法和实施的机构、官员等。

贸易问题也是上述因素相互作用的结果之一。因此，像该政府官员那样按照自身喜好曲解日本的官僚机构，未免过于轻率。美国完全可以消除此类对日本的偏见。

正是基于这种头脑简单、以自我为中心的傲慢与偏见，美国在框架协议谈判时屡屡刁难日本的外务大臣。显然，美方以为只要搞定日本的政府高官便可早日实现既定的数字目标。

大多数日本人其实同意克林顿政府的基本观点，即日本的社会和经济结构本身必须改变，从而增加进口。这就是日本为什么循序渐进地摆脱"社会型企业"的影响，将重心从企业转移到消费者。日本也在重新审查自身的监管体系，即使他们从中获益已有近半个世纪。

有些事情需要日本来做，如改革政治制度。有些事情只有美国才能解决，如减少财政赤字。还有些事情不必通过谈判解决，如社会变革的速度及复杂程度本身就是因为国情不同。

然而，在会谈之前，克林顿政府大打太极：把毫无关联的事项混为一谈；轻易归咎于日本的经济体制和社会管理模式；如果进展不如预期，马上表达不满。谈判因此"失败"，恼羞成怒的美国继而威胁或采取报复措施，导致全球贸易环境恶化。我实在难以想象美国完全立足于虚拟的愿景，强行改变真实的经济环境。

除《纽约时报》之外，我也给日本的地方杂志投稿，并且参加美国各类电视和广播的访谈节目，在此不一一赘述。

最后，感谢您在百忙之中坚持翻阅本书，这是我的荣幸。若您能从中有所收获，便是我最大的欣喜。

鹫尾友春

参考文献

第1章

1 《国际谈判学》，第363页，木村汎著，劲草书房1998年出版。

2 同上，第363页。

3 《从20个角度解读美国历史》，第124—131页，鹫尾友春著，Minerva书房2013年出版。

4 同上，第130页。

5 《麦克·正冈——被誉为摩西的奇人》，第380页，麦克·正冈、比尔·细川合著，盐谷纮译，TBS－Britannica，1988年版。

6 同上，第381页。

7 同上，第382—386页。

8 （20世纪80年代初）我担任JETRO纽约常驻观察员，每月一次与麦克·正冈于华盛顿会面、畅谈历史。当时我还是青年，堪称正冈的孙辈。他的故事也令我受益良多，至今怀念。

9 《谈判学入门》（日经文库丛书），第145页，佐久间贤著，日本经济新闻社 1989 年出版。

10 《日美纺织品纷争》，第 11 页，I.M. 特斯拉、福井治弘、佐藤秀夫合著，日本经济新闻社 1980 年版。

11 同上，第 13—14 页。

12 同上，第 47 页。

13 同上，第 50 页。原出处为《纽约时报》1969 年 2 月 7 日刊。

14 同上，第 54 页。

15 同上，第 56 页。

16 同上，第 59 页。

17 《可行的最佳途径》，第 39 页，若泉敬著，文艺春秋 2009 年版。

18 同上，第 46 页。

19 同上，第 44 页。

20 同上，第 44 页。

21 1964 年 10 月，在东京奥运会举办期间，中国第一颗原子弹试爆成功。这被视为对日本加入西方阵营、经济崛起的"震慑"。而且，冲绳问题的国际形势由此更为严峻。

22 《可行的最佳途径》，第 48 页，若泉敬著，文艺春秋 2009 年版。

23 同上，第 49 页。

24 同上，第 79 页。

25 同上，第 80 页。

26 同上，第 103 页。

27 同上，第 106 页。

28 同上，第 117 页。

29　同上，第 121 页。

30　《朝日新闻》，1969 年 10 月 22 日发行。

31　《可行的最佳途径》，第 138 页，若泉敬著，文艺春秋 2009 年版。

32　同上，第 216 页。

33　同上，第 242 页。

34　同上，第 243 页。

35　《基辛格秘史——第二部——动荡的印度支那》，第 27—30 页，亨
　　利·基辛格著，桃井真监修，斋藤弥三郎等译，小学馆 1980 年版。

36　《日美纺织品纷争》，第 69 页，I.M. 特斯拉、福井治弘、佐藤秀夫
　　合著。

37　同上，第 76 页。

38　《可行的最佳途径》，第 348—350 页，若泉敬著，文艺春秋 2009 年版。

39　同上，第 352 页。

40　同上，392—394 页。

41　同上，第 452 页。

42　同上，第 455 页。

43　《朝日新闻》，1970 年 2 月 26 日发行。

44　《可行的最佳途径》，第 609 页，若泉敬著，文艺春秋 2009 年版。

第 2 章

1　《日本钢铁的战后重建及特点》，安富邦雄论文，《东北经济》第 72
　　期第 28 页，福岛大学东北经济研究所 1992 年版。本书关于日本钢
　　铁行业的部分不少参考安富的论文，在此深表谢意。

2　同上，第 28 页。

3　同上，第 30 页。《昭和财政史第三卷·美国的对日占领政策》，第
　　399—409 页，NSC-13 出自大藏省财政史研究室编著，东洋经济新
　　报社 1976 年版。

4　同上，第 37 页。

5　《钢铁十年史（1958—1967 年）》，第 831 页，日本钢铁联盟 1969
　　年版。日本钢铁联盟之后每 10 年发布一次十年史，如 1968—1977
　　年、1978—1987 年。

6　《日本钢铁的战后重建及特点》，安富邦雄论文。

7　同上，第 55 页。

8　同上，第 65 页，表 26 "国际钢铁贸易中的日本——对欧洲经济共同
　　体、经济互助委员会、美国的出口占比"。

9　《美国钢铁价格机制的功能》，三浦庸男论文，《琦玉学园大学纪要》
　　（管理学院）第 10 期第 19 页，琦玉学园信息媒体社出版。本书
　　"匹兹堡基准价格制度"部分不少参考三浦的论文，在此深表谢意。

10　同上，第 21 页。

11　同上，第 24 页。

12　《谢尔曼反托拉斯法》，1890 年颁布。

13　《克莱顿反托拉斯法》，1914 年颁布。

14　《美国钢铁价格机制的功能》，《琦玉学园大学纪要》（管理学院）第
　　10 期第 26 页。

15　同上，第 27 页。

16　《大战期间的美国钢铁行业》，森昊论文，《北海道大学显在学研究》

第 14 期第 1 篇第 156 页，北海道大学 1964 年版。

17　同上，第 158 页。

18　同上，第 164 页。

19　同上，第 173 页。

20　《美国钢铁行业的衰落：管理、劳工和政府的错误》，第 1 页，保
　　罗·A.蒂凡尼著，加藤干雄、铃木峻、佐藤昌章、薮下义文、山田
　　恭晖译，日本经济评论社 1989 年版。

21　同上，第 21 页。

22　同上，第 26 页。

23　同上，第 22 页。

24　同上，第 23 页。

25　同上，第 24 页。

26　同上，第 27 页。

27　同上，第 28 页。

28　同上，第 30—32 页。

29　同上，第 33—39 页。

30　同上，第 51—55 页。

31　同上，第 150 页。

32　同上，第 238 页。

33　同上，第 255 页。

34　同上，第 274 页。

35　《1969—1992 年日美贸易战及美国钢铁保护主义政策的演变》，石
　　川康宏论文，《经济论丛》第 155 期第 4 篇第 24 页，京都大学经济

学会 1995 年版。

36 《我的昭和钢铁史》，第 160—167 页，稻山嘉宽著，东洋经济新报社 1986 年版。

37 《1984 年美国钢铁自愿限制协议的谈判：影响国际经济外交的国内因素》（*US Negotiations of Voluntary Restraint Agreement in Steel, 1984: Domestic Sources of International Economic Diplomacy*），107 案例 A 部分，罗伯特·S.沃尔特斯著，乔治敦大学国际关系学院国际外交研究所出版。

38 《我的昭和钢铁史》，第 172—179 页，稻山嘉宽著，东洋经济新报社 1986 年版。

39 《论现代美国产业》，第 41 页，沃尔特·亚当斯著，创风社 1991 年版。

第 3 章

1 《全球化及汽车生产的变迁》，吉田信美论文，《日本汽车工业协会月报》2008 年 2 月刊。

2 关于美国汽车行业发展的研究资料浩如烟海，本书主要参考亨利·福特的传记及美国咨询公司的调查报告，以我个人的角度介绍和说明。

3 《从 20 个角度解读美国历史》，第 268—271 页，鹫尾友春著，Minerva 书房 2013 年版。

4 同 2。

5 引自日本汽车工业协会的资料，原出处为各国汽车工业协会的文件。

6 《全球化及汽车生产的变迁》，表 6，吉田信美论文，《日本汽车工业

协会月报》2008 年 2 月刊

7 同上，表 8。

8 《从 20 个角度解读美国历史》，第 302 页，鹫尾友春著，Minerva 书
房 2013 年版。

9 《对美自愿限制出口汽车：从竞租理论分析自愿出口限制》，第 34—
35 页，须田裕子论文，《上智大学国际学论文集》1993 年第 1 期。

10 《日美贸易谈判》，第 88 页，谷口将纪著，东京大学出版会 1997
年版。

11 《日美汽车贸易战背后的国际政治经济学》，第 76—83 页，小尾美
千代著，国际书院 2009 年版。

12 《全球化及汽车生产的变迁》，表 10，吉田信美论文，《日本汽车工
业协会月》2008 年 2 月刊。

13 《日美汽车贸易战背后的国际政治经济学》，第 79 页，小尾美千代
著，国际书院 2009 年版。

14 同上，第 83 页。

15 卡特总统 1977 年 1 月就职演说。

16 里根总统 1981 年 1 月就职演说。

17 《日美贸易谈判》，第 90 页，谷口将纪著，东京大学出版会 1997
年版。

18 《日美汽车贸易战背后的国际政治经济学》，第 81 页，小尾美千代
著，国际书院 2009 年版。

19 《日美贸易谈判》，第 92—99 页，谷口将纪著，东京大学出版会
1997 年版。

20 同上，第98页。

21 美国国际贸易委员会（ITC）共有6名委员，当时缺席1人，实际只有5人投票：2名共和党委员赞成、2名民主党委员和1名中立党派委员反对。结果乍看反对民主党卡特政府主张的多于赞成的，其实也不尽然。工会及汽车行业从业者普遍呼吁对日采取强硬措施，而民主党素来支持工会，所以2名民主党委员在投票时难免没有压力。

22 《日美贸易谈判》，第98页，谷口将纪著，东京大学出版会1997年版。

23 关于美国第97届国会初期（1918年1—2月）提出的汽车行业相关法案，可以参考谷口将纪所著的《日美贸易谈判》表2（第101页）。当时，我常驻纽约，对此也是密切关注。耳熟能详的几位议员如今大半已经退休，确实已成历史……

24 关于通产大臣田中六助对自愿出口限制的声明，参考东京大学东洋文化研究所田中明彦研究室基于日本政经资料编写的《日美关系资料集1045—1097卷》，第1001—1002页。

25 《日美贸易谈判》，第106—108页，谷口将纪著，东京大学出版会1997年版。

26 《日美汽车贸易战背后的国际政治经济学》，第97页，小尾美千代著，国际书院2009年版。

27 通产大臣田中六助在自愿出口限制的声明中开宗明义："作为特例……这是日本政府采取的临时措施……以三年为限，至1984年3月为止。"而且，田中特别强调："无论如何，1984年3月必须结束……"然而，事实并非如此。

28 《日美汽车贸易战背后的国际政治经济学》，第108页，小尾美千代著，国际书院2009年版。

29 当时美国国会围绕"当地成分要求"大做文章，显然是为了对日本施压。我当时在纽约频频向国内汇报动态，力图如实反映美国议员的心态。但是，从日本驻华盛顿报社印发的报纸来看，煽风点火、危言耸听的情况为数不少。这段日美贸易战的白热化时期如今也成为我的美好回忆。

第4章

1 《日本半导体的四十年》，第41页，菊池诚著，中公新书第1055号，1992年版。编写本书时从菊池诚的著作中受益良多，在此深表谢意。

2 同上，第88—89页。

3 同上，第90页。

4 同上，第93页。

5 同上，第96页。

6 同上，第106—112页。

7 同上，第127—139页。

8 戈登·摩尔于1968年离开仙童半导体公司，创立英特尔公司。

9 进入20世纪70年代，全球半导体的需求主要来自军事。根据电子机械工业协会的资料，日本制造商擅长的民用领域需求低迷。1970年，全球半导体市场的占比为：美国48%，日本25%，欧洲26%。

10 《日本半导体的四十年》，第136页，菊池诚著，中公新书第1055

号，1992 年版。

11　同上，第 137 页。

12　同上。

13　根据经济产业省《技术研究组合》的历史变迁及其相关说明，技术研究组合具有五大优点：①具有法人资格；②享有税收优惠政策；③不分个人及企业规模，表决时每个成员各有一票；④与其他法人相比，创办更为简单快速；⑤主要目标是研究和实验，也可从事营利性行业。

14　据超 LSI 技术研究组合的领军人物之一垂井康夫回忆，当时注重"基础性"和"通用性"，集中精力从事生产设备及新型软件的开发（《日本半导体——起死回生的奇迹》，泉谷涉著，东洋经济新报社 2003 年版）。

15　《从 20 个角度解读美国历史》，第 294—297 页，鹫尾友春著，Minerva 书房 2013 年版。

16　《华尔街日报》，1981 年 1 月 9 日发行。

17　《从 20 个角度解读美国历史》，第 320—321 页，鹫尾友春著，Minerva 书房 2013 年版。

18　《政治胜利——美国政府的危机及对世界的影响》（ *The Triumph of Politics: the Crisis in American Government and How it affects the World* ），大卫·斯托克曼著，The Bodley Head 出版社，1996 年版。

19　《从 20 个角度解读美国历史》，第 295—296 页，鹫尾友春著，Minerva 书房 2013 年版。

20　《电力投资时代的日美关系》，第 40—44 页，鹫尾友春著，日本贸易振兴协会 1991 年版。

21 《从 20 个角度解读美国历史》，第 295 页，鹫尾友春著，Minerva 书房 2013 年版。

22 同上，第 297—300 页。

23 同上，第 298 页。

24 《朝日新闻》，1985 年 6 月 14 日发行。

25 以论文《日美先进技术摩擦的现状与日本经济的选择》（《贸易与关税》1987 年 10 月刊，东京经济大学增田祐司教授）为代表，相关主题的报道和论文接连问世。

26 曾经担任报社记者、多方采访的千叶利宏在博客中撰文，直言当时日本业界缺乏危机感。（《未来计划新闻》，2012 年 12 月 27 日发行）

27 《日本经济新闻》，1985 年 12 月 7 日发行。

28 《朝日新闻》，1986 年 7 月 1 日发行。这篇报道发于商务省就起诉倾销一事有所妥协之时，实际签约在此日期之后。

29 在日本业界和部分学者看来，《日美半导体协议》"极为"苛刻。最近的媒体网络大多将半导体协议与"跨太平洋伙伴关系协定"的谈判联系在一起，对该谈判模式表示担忧。由此看来，在此模式下签订的半导体协议也是弊大于利。

30 《日本经济新闻》，2013 年 3 月 3 日发行。

31 日美半导体协议的谈判达成共识。1986 年 8 月 1 日的《朝日新闻》刊登通产大臣田村的评论："半导体是今后高科技产业的基石，因此日美同意共同发展、共同繁荣具有重大意义。"关于日本半导体是否会因为价格管制而失去竞争力，田村强调："两国一荣俱荣，一损俱损，日本业界也对此抱有共识……于日美的整体经济利大于弊。"然而，事实证明，这种想法未免过于乐观。

32 《朝日新闻》，1987 年 3 月 27 日发行。

33 《东京新闻》，1987 年 3 月 26 日发行。

34 《朝日新闻》，1987 年 3 月 28 日发行。

35 《朝日新闻》，1987 年 4 月 18 日发行。

36 《读卖新闻》，1987 年 4 月 19 日发行。

37 这类批判的论调网上较为常见。虽然出处不明，但是不乏可信度。

38 《贸易谈判——攸关国家利益的演出》，第 66 页，畠山襄著，日本经济新闻出版社 1996 年版。

39 《产经新闻》电子版，2013 年 8 月 24 日发行。

第 5 章

1 《二则钢铁谈判往事》，今野秀洋论文，经济产业研究所 2002 年 12 月 16 日出版。

2 关于自愿出口限制与《关税及贸易总协定》第 19 条的关系，本书借鉴神户大学小原喜雄教授的论文（《贸易与关税》1989 年 2 月刊），在此深表谢意。

3 《二则钢铁谈判往事》，今野秀洋论文。

4 《从 20 个角度解读美国历史》，第 298 页，鹫尾友春著，Minerva 书房 2013 年版。

5 《MOSS 谈判相关日美联合报告、各领域谈判相关日美联合报告》摘自《日美关系资料集 1945—1997 年》，田中明彦研究室汇编，东京大学东洋文化研究所 1986 年 1 月出版。

6 《日美汽车贸易战背后的国际政治经济学》，第 139—141 页，小尾美千代著，国际书院 2009 年版。据说，在运输设备被纳入 MOSS 谈判范围时，具体的谈判议程还没确定。在商量议程时，主题被定为扩大美国汽车零部件的进口。这理应由企业自主调节，（基于半导体协议的惨痛教训）政府不该干预。打着改革产业结构的旗号，其实谋求打入日本市场，美国的双重标准由此可见一斑。

7 美国在谈判中往往得寸进尺，SII 的框架谈判常常涉及具体领域的细节协商。之后跨太平洋伙伴关系的谈判也是如此，双管齐下的谈判模式堪称美国的拿手好戏。

8 《首相官邸的决断——内阁官方副长官石原信雄的 2600 天》，第 60—70 页，御厨贵、渡边昭夫合著，中公文书 2002 年出版。

9 《日美金融谈判的真相》，第 94—97 页，久保田勇夫著，日经 BP 社 2013 年版。

10 《日美纺织品纷争》，第 52—55 页，I.M. 特斯拉、福井治弘、佐藤秀夫合著，日本经济新闻社 1980 年版。

11 《日美金融谈判的真相》，第 99 页，久保田勇夫著，日经 BP 社 2013 年版。

12 《贸易谈判：攸关国家利益的演出》，第 34—35 页，畠山襄著，日本经济新闻出版社 1996 年版。

13 《日美金融谈判的真相》，第 92—93 页，久保田勇夫著，日经 BP 社 2013 年版。

14 《贸易谈判：攸关国家利益的演出》，第 36—39 页，畠山襄著，日本经济新闻出版社 1996 年版。

15 《日美汽车贸易战背后的国际政治经济学》，第 196 页，小尾美千代著，国际书院 2009 年版。

16 同上，第 198—199 页。

17 《贸易谈判：攸关国家利益的演出》，第 56 页，畠山襄著，日本经济新闻出版社 1996 年版。

18 同上，第 57—61 页。

19 同上，第 72—74 页。

20 同上，第 74—77 页。

21 《日美贸易谈判》，第 158 页，谷口将纪著，东京大学出版会 1997 年版。

22 同上，第 160 页。

23 《日美金融谈判的真相》，第 118—119 页，久保田勇夫著，日经 BP 社 2013 年版。

24 《日美贸易谈判》，第 158—160 页，谷口将纪著，东京大学出版会 1997 年版。

25 《通商产业政策史 1980—2000 年》，第二册第 89—95 页，通商产业研究所汇编，经济产业研究所 2011 年版。

26 《贸易谈判：攸关国家利益的演出》，第 84—87 页，畠山襄著，日本经济新闻出版社 1996 年版。

27 同上，第 95 页。

28 同上，第 96 页。根据《1988 年综合贸易与竞争法》第七章的规定，总统每年向国会汇报美国是否受到别国的区别对待。如果存在区别对待，贸易代表办公室随即与该国谈判。假如对方60天内没有完成整改，美国有权采取报复措施。在本案中，日本的政府采购被认定为"区别对待"。

29 《日美贸易谈判》，第76页，谷口将纪著，东京大学出版会1997年版。

30 《日美汽车谈判轨迹》，第71—75页，通产省通商政策局美国科汇编，通商产业调查委员会1997年版。

31 同上，第76—80页。原出处为《通产月报》1995年12月刊、1996年1月、2月、4月刊。

32 同上，第172—173页。

第6章

1 《日美贸易摩擦》，第46页，内阁府经济社会综合研究所1981年版。

2 关于20世纪80年代中前期的日美贸易摩擦，我当时也密切关注纽约和华盛顿的动向。日本出口机械设备被美国业界以国家安全为由起诉，我还特地向美国的律师朋友们咨询，从中了解贸易法的细则以及美国民众的想法。如今想来，也是一段美好的回忆。

3 《日美先进技术摩擦的现状及日本经济的选择》，增田祐司论文，《贸易与关税》1987年10月刊第111页，大藏省发布。

4 《日美贸易个别问题》，佐藤佳男论文，《贸易与产业》1988年8月刊第35页，通商产业省发布。

5 《从20个角度解读美国历史》，第294—308页，鹫尾友春著，

Minerva 书房 2013 年版，通商产业省发布。

6　《日美贸易个别问题》，佐藤佳男论文，《贸易与产业》1988 年 8 月
　　刊第 35 页，通商产业省发布。

7　同上。

8　《从 20 个角度解读美国历史》，第 294—295 页，鹫尾友春著，
　　Minerva 书房 2013 年版。

9　《日美金融谈判实录》，第 23 页，松岛令著，Asuki 新书 2010 年版。

10　《日美贸易摩擦》，第 82 页，内阁府经济社会综合研究所 1981
　　年版。

11　《日美金融谈判的真相》，第 34 页，久保田勇夫著，日经 BP 社
　　2013 年版。

12　同上，第 75 页。

13　同上。

14　同上，第 62 页。

15　《谈判学入门》（日经文库丛书），第 145 页，佐久间贤著，日本经
　　济新闻社 1989 年版。

16　同上，第 145—146 页。

17　同上，第 148 页。

18　同上，第 151 页。

19　同上，第 149 页。

20　《日美金融谈判的真相》，第 33 页，久保田勇夫著，日经 BP 社
　　2013 年版。

21　关于《美加自由贸易协定》的内容，参考当时日本贸易振兴机构驻

多伦多和纽约研究所的报告。

22　自由贸易区和自由经济区一度被混用，中心都是自由贸易协定，曾经也被称为"战略经济伙伴关系协定"。以跨越国境、打造无缝对接的市场为目标……书中涉及谈判时统称为"自由贸易协定"，方向目标则是打造自由贸易区。

23　自由化率的计算方法大体分为两类。一是免税品种占全部产品的比例；二是免税额占贸易总额的比例。日本农业、水产业分类复杂，按品种计算则自由化率低，按贸易额计算则自由化率高。

24　《从 20 个角度解读美国历史》，第 328—343 页，鹫尾友春著，Minerva 书房 2013 年版。

25　此类情况在当时通产省（今经济产业省）发布的白皮书中随处可见。

26　时任经济产业省顾问佐佐木信彦于 2013 年 7 月出席题为"亚太地区理想型财团"的讲座，并发表名为《TPP 与日本贸易战略》的演讲。本节内容选自演讲资料。

27　在编写本书时（2014 年 1 月），我对 TPP 战略及谈判方式也有若干疑问。美国国会尚未通过《贸易促进授权法案》，即便谈判达成共识，国会在审议时也有权逐条修改……正如我在书中所说，当国内环境促使美国急于签约时才是达成协议的最佳时机。因此，日方谈判人员需掌握美国国内的动态。为了说服国会通过法案，贸易代表办公室会对日本的各种让步"津津乐道"。从这个角度考虑，美方事先会争取日方更多的让步。此时，日本从大局着想，难免轻易让步。然而，美国国内对签约并不热心，日本劳而无功，还没正式协商就已让步太多。而且，作为应有的谈判技巧，既然 TPP 谈判未能取得进展，区域全面经济伙伴关系（RCEP）的协商就不该轻易放过美国。现实中，日本搁置了与美国的谈判，转而与澳大利亚协商，希望以此迫使美国做出让步。

28 《TPP 与日本贸易战略》，佐佐木信彦的演讲资料。

29 《日本经济新闻》，2013 年 11 月 22 日发行。

30 《日本经济新闻》，2013 年 11 月 29 日发行。2014 年 1 月 8 日发行的报纸刊登中国台湾有意加入 TPP 的报道。

31 《日本经济新闻》，2013 年 12 月 7 日、12 月 8 日发行。

32 《从 20 个角度解读美国历史》，第 303 页，鹫尾友春著，Minerva 书房 2013 年版。

33 《电力投资时代的日美关系》，第 40—69 页，鹫尾友春著，日本贸易振兴协会 1991 年版。

34 《大区域主义时代到来：全球步入大区域主义时代》，梶田朗论文，*JETRO Sensor*，2013 年 12 月刊第 4—7 页。

35 《TPP 与日本贸易战略》，佐佐木信彦的演讲资料。

36 《日本经济新闻》，2013 年 8 月 25 日出版。

37 《大区域主义时代到来：以日美贸易谈判为轴心》，山田良平论文，*JETRO Sensor*，2013 年 12 月刊第 8—10 页。

38 《日本经济新闻》，2013 年 8 月 12 日发行。

39 《日本经济新闻》，2013 年 8 月 1 日发行。

40 《日本经济新闻》，2013 年 10 月 26 日发行。

41 《中央公论》，2014 年 2 月刊第 115 页。

42 《日本经济新闻》，2013 年 8 月 30 日、2014 年 1 月 13 日发行。

43 《日本经济新闻》，2013 年 12 月 25 日发行。

44 弗罗曼贸易代表据说头脑灵敏，因而深受奥巴马总统器重。由于不是察言观色、善解人意的谈判风格，所以不会体谅日方的难处。因此，日本需要掌握美国国内动态，以此评估弗罗曼是否急于签约。

45 《日美金融谈判的真相》，第 207—208 页，久保田勇夫著，日经 BP 社 2013 年版。

46 《日本经济新闻》，2014 年 4 月 25 日发行。